普天之下・盡是好書

普天出版家族
Popular Press Family

凌雲文創
A-Plus Creative Company

和別人打交道，一定要掌握說話辦事訣竅

活用說話藝術，改變對方的態度

Change the other person's mind

易千秋 編著

法國哲學家拉布呂耶爾說：**「有時候，談話的妙處並不在於表達自己的想法，而是在引發別人的想法，讓他主動接受自己的觀點。」**

深諳說話的藝術，人與人之間就可以在融洽愉悅的氣氛中，交流彼此的想法和看法。有時候，你和對方並沒有交集，但是，透過巧妙的說話技巧，卻可以讓彼此敞開胸懷，順利達成自己的目的。

想提昇自己的競爭力，和別人打交道，一定要掌握說話辦事的訣竅。

•出版序•

和別人打交道，要掌握說話訣竅

期望無往而不利，少不了得培養自己的口才。不能僅僅是說話，而是要把話說到聆聽者的心坎裡去！

美國作家安．比爾斯曾經寫道：「說服是一種催眠術，說服者的意見隱密起來，變成了論證和誘惑。」

的確，想要打動人心，達成自己的目的，就必須透過有效的說話方式，將自己的意見、想法滲透到對方的腦子裡。

巧妙的說話方式、優雅的肢體語言，恰到好處的幽默語言……這些都是想打動人心之時必須具備的說話藝術。

想成功說服別人，在溝通的過程中，如何把話說到別人的心窩裡，絕對是必修的一門學分。

人際關係專家畢傑曾說：「如果你想把話說到別人的心坎裡，就必須知道如何利用別人最喜歡聽的話，間接傳達你想要傳達的意思。」

的確，同樣的一件事，用不同的兩種話來表達，最後的結果往往大相逕庭。如果你可以在事前就知道你想要傳達的人喜歡聽什麼話，然後再用他喜歡聽的話間接傳達你的意見，那麼，對方欣然接受的程度肯定會高出許多。

繁忙的人際交往中，人與人之間的溝通對話不可避免。

一個會說話的人，每一句話都能打動人們的心弦，好像具有一種不可知的魔力，操縱著人們的情緒。他的一舉手一投足，嘴裡發出來的一言一語，彷彿都能影響到周圍空氣的鬆弛與緊張。

這種感染的力量是什麼？

就是口才。

和別人接觸的時候，有四件事情容易被人用來當作標準，評定我們的價值，那就是我們做的、我們的面貌、我們說的話，以及我們如何說話。

可惜，許多人爲了種種瑣事的繁忙，忘記最重大的事，缺少時間研究他們的「辭藻」，甚至不肯花一分鐘的時間思考如何充實自己的辭句、如何增加辭句的意義，如何使講話準確清晰。

有些人以爲，只要有才幹，即使沒有口才，也可以達到成功的目的。

這種觀念並不完全正確，有才幹並且有口才的人，成功希望才更大。因爲一個人的才幹，完全可以從言語談吐之間充分地表露出來，使對方更進一步地瞭解，並且信任。

美國費城的大街上，曾躑躅著一個無業的英國青年，不論是清晨或夜晚，總是引人注目地經過那裡。

據他自己說，他想尋找一份工作。

有一天，他突然闖進了該城著名的巨賈鮑爾．吉勃斯的辦公室，請求主人犧牲一分鐘時間接見他，容許他講一兩句話。

這位陌生怪客使吉勃斯感到驚奇，因為他的外表太引人注目了，衣服已很破舊，全身流露出極度窮困的窘態，可精神倒是非常飽滿。也許是出於好奇，或者是憐憫，吉勃斯同意與這人一談。

想不到的是，他起初原想談一兩句話就好，然而一談起來，不是一兩句，也不是一二十分鐘，直到一個小時以後，談話仍沒有結束。

接下來，吉勃斯立即打電話給狄諾公司的費城經理泰勒先生，再由這位著名的金融家邀請這位陌生怪客共進午餐，並給了他一個極優越的職務。

一個窮困落魄的青年，何以能在半天之內，獲得如此美滿的結果？

他的成功秘訣，就在於極吸引人的口才。

口才，是生活中應用最普遍也最難能可貴的說話技術。然而，與你交談的對象當中，有幾個長於口才？在日常的談話中，在大庭廣眾的集會中，你遇到過多少使你滿意的談話對象？曾有多少人，能夠把話說到你的心裡去？恐怕都是屈指可數吧！

不論是面對家庭，還是職場，甚至是整個社會，期望無往而不利，少不了得培養自己的口才，強化自身的說話能力。

不能僅僅是說話，而是要把話說到聆聽者的心坎裡去！

口才是現代社會必備的競爭資本，也是增強人際關係的要素，懂得把話說得更巧妙，懂得把意見滲透到別人心裡，更是商業社會的成功之道。

很多人失敗，並不是敗於實力不濟，而是不知道運用「語言」這項利器。唯有細心研讀並靈活應用語言的魅力，具備良好的說話能力，才能增進自己的各項能力，在商業社會遊刃有餘。

PART 1 發揮幽默感，和緩緊張局面

幽默與機智都可以壓倒別人，顯出自己的聰明之處，也可以鼓起他人的興緻，或緩和緊張的局面，使大家開懷大笑。

PART 2 把握尺度，善用幽默元素

運用幽默元素時，千萬注意不要拏對方的「痛處」開玩笑，這樣的幽默會讓對方覺得說話者心存惡意或別有用心，因而產生無謂的紛爭。

PART 3

靈活運用自己的幽默

在我們的日常生活中，最常見的有三種類型的幽默：哲理性、詼諧性和嘲諷性幽默。優秀的領導者可以從中萃取菁華，靈活加以運用。

PART 4 初次見面的說話技巧

優雅的談吐就像整潔的儀表，會使人覺得十分愉快。因此，平日應該練習談話的技巧和優雅的舉止，讓對方留下良好的印象。

PART 5

與人交往的說話技巧

需要注意的是，恭維也要拏捏有度。令人感到見外的恭維話，不僅會在無意中將彼此的距離拉開，更有防範他人侵犯的意味。

PART 6 投其所好，談話最有功效

不妨這麼告訴自己：為了成為一個會説話的人，為了達成合乎情理的目的，「投其所好」沒有什麼不可以。

PART 7

適度自誇正是高明的說話方法

並不是身處任何場合、從事任何事情都適合謙虛。過度自謙退讓的說話態度，反而容易給人「沒用」的錯覺。

PART 8

會說話，更要會聽話

有良好口才的人，必須同時擁有良好的「耳才」，很會說話的人，同時必須是很會聽話的人。

PART 9

期望會說話，先學著少說廢話

諺語是詼諧而有說服力的短句，談話時套用個幾句，有畫龍點睛的效果，但用太多也不好。

PART 10

巧妙的問答讓對方樂於接話

提問，正像打羽毛球的發球，你以對方的特長發問，就像特意發了個容易接的球，對方當然樂於接球。

01

發揮幽默感，和緩緊張局面

幽默與機智都可以壓倒別人，
顯出自己的聰明之處，
也可以鼓起他人的興致，
或緩和緊張的局面，
使大家開懷大笑。

精通幽默竅門，創造歡樂氣氛

幽默的效用在於，它能立時改變氣氛，又不會惹人反感。即便有些幽默暗藏諷刺，也因說話者的表達方式風趣，令被譏笑者無言可應。

想成爲受人歡迎的人，就必須掌握幽默的說話技巧。有時候，你和對方並沒有交集，但是，透過巧妙的說話技巧，卻可以讓彼此敞開胸懷，順利達成自己的目的。

幽默本身就是聰明、才智、靈感的結晶，能使人的語言在轉瞬之間放出智慧的光芒。幽默在日常生活中能發揮點綴、調和、調節的作用，它是語言的潤滑劑，只要有了它，就能使緊張的情緒頓時消失，劍拔弩張的可怕氣氛也會因此緩和下來。

有一年，英國一位能言善辯的社運人士在大街上發表演說。講到社會的種種弊病時，他情緒異常激昂，斬釘截鐵地大聲喊道：「要讓這些腐敗的官員清醒，唯一的辦法就是將宮殿和眾議院燒掉！」

當時，街上有一大群密密麻麻的聽眾，使車輛與行人無法通行。維持交通秩序的員警湯姆森見狀，幽默地向人群喊道：「請各位散開！要燒宮殿的請到左邊去，要燒眾議院的請到右邊來。」

湯姆森這句幽默又滑稽的話語逗得人們哈哈大笑，在一片笑聲中，人群就自行散開了。

管理者要想學會運用幽默語言加強本身的魅力，得先掌握若干詞語組合的技巧。常用的技巧有如下幾點：

• 巧用對比

某市一位處長邀他幾位在縣裡當官的同學和故友在一家餐廳聚餐，同時被邀的還有兩位早年輟學且後來境況淒苦的小學時代同學。

當這兩位不得志的同學提前來到餐廳時，在縣政府任職的那幾位同學還未到場，不過處長已先到。

處長與兩位同學寒暄過後，其中一個竟問處長說：「你現在是處長，今晚請的又都是縣裡的官，但我們倆既不是當官的，又窮困得很，你怎麼會想到要邀我們倆呢？」

只見處長不急不徐地說：「因為，今晚我要做的正是一項扶貧濟困的社會福利工作啊！」

處長故意將請故友吃飯和扶貧濟困的社會福利工作牽扯在一起，使自己的話產生幽默感。

● 拆散固定詞語

某市一家奶粉工廠的廠長，上午一進辦公室，就被兩個業務員纏住了。這兩人憑著一紙介紹函及三寸不爛之舌，提出要購買兩萬袋奶粉，付款方式為先付十％的訂金，餘下九十％的貨款待貨到後一次全部付清。

不過，任憑這兩名業務員怎麼說，廠長完全不為所動，絲毫沒有與他倆談這筆買賣的意思。

這兩名業務員足足纏了二十分鐘後，發現廠長的態度始終十分冷淡，並且一直露出不耐煩的神情，只好放棄地告辭了。

但是，快走出廠長辦公室時，其中一位業務員故意對另一位大聲說：「要知道他是這種態度，八人大轎也請不動我倆！哼，白白浪費了二十分鐘！實在是對牛彈琴。」

廠長明知這是罵自己，但他並沒發火，因為這類業務員、推銷員、商界說客乃至騙子，他見多了，犯不著動氣。

所以，他只是大聲回敬了那兩位剛走出辦公室的業務員這麼一句話：「說得對，剛才竟有兩頭牛彈了二十分鐘的琴！」

廠長在關鍵時刻善於拆開固定詞語再巧妙組合，既幽默風趣，又巧妙地回擊了那位業務員的粗野與無禮。

● 妙用同音多義詞

在需要的時候，巧妙運用同音多義詞可獲得極好的效果。下面這一段對話就將同音多義詞運用得恰到好處，更對當前社會的醜惡行徑做了深刻的諷刺。

鄭先生說：「老王，你的條件完全符合規定，但怎麼一直沒升官呢？」

王先生說：「除了當時有人誣告、陷害之外，這三、四年來，我每次請人幫我推薦時，都是無禮（理）的要求呀！」

鄭先生說：「那些人做事就是這樣，即便是合理合法的事也拖著不辦，彼此推託責任，一拖就是許多年。莫非什麼事都要撈點油水才甘心嗎？」

王先生說：「老鄭，我的高職就暫時寄放在他們那裡吧，等我哪一天發了大財再去述（贖）回來。」

● 適時插入幽默辭彙

有位進口洋煙的推銷員在鬧區繁華街道口不斷叫賣，說得口沫橫飛：「英國進口香煙，芳香味正，能提神益智，價格合理……」

一位知識分子模樣的中年男子擠到煙攤前，瞄一眼進口香煙，隨口冒出一句話：「抽了這英國進口煙，小偷不敢進屋，狗不敢咬，而且人永遠不會老。」

煙攤前一堆人聽到這句話，全愣住了，唯有推銷員樂極了，連忙大聲說：「還是知識份子高明！大家不妨聽聽這位專家對英國進口香煙的高度評價。」

只見這位知識型中年人似笑非笑地說：「抽洋煙的人整夜咳嗽，小偷敢進屋嗎？抽煙的人身體虛弱，走路得拄著楞杖，狗敢咬他嗎？抽煙的人易得癌症，怎麼能活到老呢？」

煙攤前的人一聽，人人哈哈大笑，只有推銷員霎時變了臉色，但一時又不知該回應什麼。

幽默的效用在於，它能立時改變氣氛，又不會惹人反感。即便在上述例子中，有些幽默話語暗藏諷刺，但也因說話者的表達方式風趣，令被譏笑者無言可應。

避開忌諱，讓笑話創造無限快樂

只要避開說笑話的忌諱，就能使笑話發揮最大的效果，讓每則笑話都能為生活多添加一點快樂、活潑的色彩。

法國哲學家拉布呂耶爾說：「談話的妙處並不在於表達自己的想法，而是在引發別人的想法，讓他主動接受自己的觀點。」

深諳說話的藝術，人與人之間就可以在融洽愉悅的氣氛中，交流彼此的想法和看法。

在辦公室裡，不論是上司、同事或部屬都愛聽笑話，也總愛講一些笑話爲生活增加笑料與樂趣。但要注意，講笑話不同於一般的語言交際，它有特別忌諱的地方。

這些忌諱主要有以下五種：

●不可重複滑稽的動作

一個人如果一次或兩次地做一些滑稽動作，會給人帶來突如其來的幽默感，這些動作通常也會逗得大家哈哈大笑。不過，要注意的是，這類滑稽動作不可重複做。多次重複同一個滑稽動作，不僅使該動作的娛樂性降低，還讓人感到做作。

●講笑話忌勉強

講笑話的目的在於活絡氣氛，因而笑話多半就當時的話題加以發揮，爲衆人帶來笑料。

所以，講笑話時切忌勉強，每則笑話一定要與當時的話題與場合吻合，不可偏離，要不然這則笑話就沒有任何意義了。例如，參加同事或部屬的婚禮時，在這種喜慶氣氛中，大家應該談一些輕鬆、高興的話題，如果講一些婚變、死亡之類的笑話，必定不合時宜。

●忌說肯定的話

有人在講笑話之前，唯恐講完之後大家都不笑，就預先肯定地說：「這是非常有趣的笑話，大家一定會感到非常好笑！」

結果，也許本來笑話很有趣，大家可能會笑，但聽他這麼一說，反倒感到一種強迫感，結果就不笑了。

因此，講笑話時，切忌說這樣的肯定話語，以免降低「笑」果。

●切忌自己先笑

在看相聲表演時，表演者多半說得妙趣橫生，但表情卻一臉嚴肅，這種反差卻不禁讓觀衆們哈哈大笑。

相反，如果表演者邊大笑邊說，觀衆就不會覺得太有趣了。

同樣的道理，如果還沒說完笑話就已哈哈大笑，會讓聽者覺得很牽強，那即使管理者勉強講完笑話，也不會讓人覺得有趣。

●不講諷刺的話

講笑話時，應該講些內容健康積極的笑話，最好含有激勵性，這樣才能顯現出笑話的魅力。

切忌講一些諷刺性的笑話，因爲帶有諷刺性的話容易引起他人反感，至於含有恨意的攻擊性笑話，則更應該避免。

笑話可說是幽默藝術的結晶，雖然可能只有三言兩語，雖然可能只是個極短的小故事，卻能帶給人無限歡樂。只要避開說笑話的忌諱，就能使笑話發揮最大效果，讓每則笑話都能爲生活多添加一點快樂、活潑的色彩。

運用幽默創造愉快談話氣氛

在類比幽默這種辦法中，類比對象的差異性越大、不協調性越強，造成耐人尋味的幽默意境就越佳。

幽默是種充滿智慧的藝術，人們之所以青睞幽默藝術，是因爲人們喜愛歡笑、喜愛歡樂。

傳統意義上的笑，意味著快樂和高興。用幽默法讚美他人，更是快樂中的快樂。常見的幽默讚美人辦法有如下數種：

● **改變語境**

將一種語體的表達改變爲另一種完全不同的語體風格，常讓人忍俊不禁。若用這種方式讚美別人，會使他人在輕鬆愉悅的狀態下欣然接受。

有一個相貌平凡的男孩，就是用這種新穎的讚美方式，擄獲了貌美的嬌妻。

他的妻子幸福地訴說他們之間浪漫的愛情，「當我在一間銀行裡當出納員時，有個年輕人幾乎每天都到我負責的窗口存款或提款。有一天，直到他把一張紙條連同存摺一起交給我時，我才明白他每天來銀行是為了我。」

「在那張紙條上寫著：『親愛的，我一直在儲蓄這個想法，期望能得到利息。如果週五有空，妳能把自已存在電影院裡我旁邊的那個座位上嗎？我把妳可能已另有約會的猜測記在帳上了。如果真是這樣，我將取出我的要求，把它安排在星期六。不論兌現率如何，妳的陪伴始終是十分愉快的。我想妳不會認為這要求太過分吧！我隔天再來同妳核對。』我實在無法抵抗這種誘人、新穎的求愛方式。」

這名年輕人沒有俗套地說「妳好漂亮」，而是相當高明地說：「不論兌現率如何，妳的陪伴始終是十分愉快的。」他將對方的專業詞彙運用於談情說愛中，生動地表達了他的愛意。

改變語境有許多種方法，如「褒詞貶用」、「貶詞褒用」、「今詞古用」、

「古詞今用」、「俗詞雅用」、「雅詞俗用」，這些辦法可以令詞語充滿活力，令讚美話語增加情趣。

●運用仿擬

恰當運用仿擬可以幫助彼此溝通和交流情感，可以把原本很生硬、很單調的讚美化爲生動活潑、詼諧幽默、趣味橫生、新穎奇妙的話語。

仿擬主要借助某種違背正常邏輯的想像和聯想，把原來適用於某種環境、現象的詞語，用於另一種截然不同的新環境和現象中，以產生新鮮、奇異、生動的感覺。

在一次朋友聚會中，每個人都要自我介紹，其中有個叫「秦國生」的男孩也做了自我介紹。

在他自我介紹後，是另一個女孩的自我介紹。女孩說：「本人自覺渺小，所以姓蕭，名曉，只好拜託諸位多加關照。特別是秦國生老兄，他堪稱元老級人物，因為他的年紀是最大的。剛才仔細一算，畢竟他是秦始皇併吞六國時出生的，竟然已經兩千多歲了啊！」

這位女孩將秦國生仿擬成「秦始皇併吞六國時出生」，也就是將現在的字詞及語句格式創造成新的字詞及語句格式，出人意料地把毫不相干的事情扯在一起，內容風馬牛不相及，這就創造出幽默性。

• 類比幽默

用類比幽默讚美同事或部屬，就是把兩種或兩種以上互不相干，彼此之間沒有聯繫的事物放在一起對照比較，雖然顯得不倫不類，但又含有讚美之意。

據說，有一次拿破崙在歌劇院裡看歌劇時，見另一個包廂裡坐著著名的作曲家羅西尼，就叫侍從請他過來。

羅西尼當然趕緊來到拿破崙的包廂，跪下請罪說：「皇帝陛下，請恕我沒有穿晚禮服來見您。」

但是，拿破崙卻語出驚人地說：「我的朋友，在皇帝與皇帝之間，禮儀是不存在的！」

拿破崙將羅西尼也稱為「皇帝」，這句幽默之語是對羅西尼極高的讚賞，以致於他從此有了「音樂皇帝」的尊稱。

在類比幽默這種辦法中，類比對象的差異性越大、不協調性越強，造成耐人尋味的幽默意境就越佳。

在如此幽默的談話氣氛裡，讚美詞必令人人喜愛，沒有人會因爲被讚美而不知所措，反而會特別開心。

發揮幽默感，和緩緊張局面

幽默與機智都可以壓倒別人，顯出自己的聰明之處，也可以鼓起他人的興致，或緩和緊張的局面，使大家開懷大笑。

《聖經》上有這麼一句話：「人們若有一顆快樂的心，會遠勝於身懷一只藥囊，可以治療心理上的百病。」

機智和幽默運用得當，不但可以帶給周遭的人快樂，還可以幫人化險爲夷。

機智是以智力爲基礎，很多人可以憑著機智把表面上不相干的事情，巧妙地連結在一起。它可以在文句上搬弄花樣，但是不一定會令人發笑。

至於幽默和機智不同，幽默不僅是在字詞上賣弄玄虛，更是得體的玩笑，可以人忍俊不住。

譬如，有個人穿了全身名牌，走起路來神氣活現，不料正自鳴得意的時候，卻踩到一塊香蕉皮，跌得四腳朝天。

這情景當然是可笑的，因爲他本來威風的模樣和摔跤後狼狽的態度正好形成對比。反過來說，他如果是個衣衫襤褸的窮人，長得一副可憐相，摔跤時不致會引起人們注意，因此也無所謂可笑了。

幽默與機智都可以顯出自己的聰明之處，也可以鼓起他人的興致，或緩和緊張的局面，使大家開懷大笑。

用機智和幽默鼓起他人的興致，別人會心懷感激。一句笑話可以像一縷陽光似的驅散重重烏雲，一切懷疑、悒鬱、恐懼，都會在一句恰當的笑話中消失無蹤。機智運用得法，可以使敵人啞口無言，還可以解除尷尬的局面，贏得別人的鼓掌與喝采。

一則有關於馬克·吐溫的笑話正可以表現出這樣的特點。

馬克·吐溫去拜訪法國名人波蓋之時，波蓋故意取笑美國的歷史很短：「美國人沒事的時候，總愛想念他的祖先，可是一想到他祖父那一代，便不得不停止了。」

馬克・吐溫一聽，便以充滿詼諧的語句說：「當法國人沒事的時候，總是盡力想找出究竟誰是他的父親。」

不過，這類機智是危險的，不是一般人能使用，因爲它可以把一粒星火煽動成熾烈的怒焰，和對方爭辯的結果不是全面得勝，就是一敗塗地。所以，除非必要，不要隨便嘗試採用這類較激烈的機智。

幽默是有區別的，有些文雅，有些暗藏深意，有些高尚，有些低級。低級的幽默形同譏笑，往往一句話就足以令人勃然大怒。所以，運用幽默話語時，應該使它高尚、斯文才好。

若是一味說俏皮話、無限制地想表達自己的幽默，結果反而會不幽默。譬如，若把一個笑話反覆說三、五遍，起初別人還會覺得很風趣，到後來聽厭了之後，便不再感興趣。

運用幽默時也要注意，若沒有適時適地善加運用，反倒會令人厭惡。例如，若眾人聚精會神地研究一個問題，你卻忽然在這時插進一句全無關係的笑話，這不但不會引人發笑，說不定還反遭白眼相待。

另外，如果幽默含著批評的意味、帶著惡意的攻擊，或者專門挖苦別人醜陋的事情，這些話還是不說爲妙。

用自我解嘲贏得他人好感

將自己的缺陷大方呈現在別人面前的說話方式，往往引起人們大笑後的好感，亦可加深自己在別人心中的印象。

著名的思想家恩格斯曾經說過：「幽默是具有智慧、教養和道德上優越感的表現。幽默感是人高尚的氣質，是文明的體現。因此，一個社會不能沒有幽默。」

一個擁有幽默感的人，總是能打破沉悶的氣氛，為人們帶來歡樂與笑聲。

有人說幽默就像精靈，隨時出現在人們的周圍，讓人們汲取著它的靈氣，它以愉悅的方式表達出一個人的真誠、大方和心胸豁達。

幽默是輕鬆簡潔又情趣盎然的語言。

沒有幽默感的語言就如一篇公文，沒有幽默感的人就如一尊雕像，沒有幽默感的家庭就如一間旅社，沒有幽默感的社會更是不可想像的。

幽默的形式多種多樣，一般有自我嘲諷、張冠李戴、旁敲側擊、順水推舟、諧音雙關、借題發揮等等，如果運用得法，肯定會獲得良好的效果。

幽默的第一步，就是要能夠冷靜客觀地剖析自己。透過對自身的細心觀察，會發現自己並不是十分完美，是一個帶有缺陷和庸俗的平凡人。

這時，如果藉著冷靜發現眞實自我後的評判，以幽默語言加以表達，於是就產生了自嘲式的幽默。

這種將自己的缺陷大方呈現在別人面前的說話方式，往往會引起對方大笑後的好感，亦可加深自己在別人心中的印象。

例如，螢光幕上的諧星們，多半沒有亮麗出衆的外表，在歌唱或演戲等方面也不見得有雄厚的實力，但他們靠著幽默的語言與表演方式，爲衆人帶來歡笑，更在競爭激烈的演藝圈中，爲自己開創出一片天空。

在這些諧星們常用的幽默招式中，自我解嘲是一種常見的方式。這些諧星們多半不英俊也不貌美，甚至可說是其貌不揚，但他們透過自嘲式的幽默，反將自己外貌上的劣勢轉爲優勢，讓觀衆們留下深刻的印象，甚至成爲衆人津津樂道的話題。

不要拘泥於自我意識中，也不要硬是模仿他人的幽默語言，應該發掘自身的幽默話題，並將幽默的談吐不斷往更高層次昇華。如此，相信過不了多久時間，就能成爲一個具有幽默感的人了。

曲解「真意」，製造幽默涵義

人們說的話往往有「表意」和「真意」之分。將話語中的「真意」棄之不顧，只取話語的「表意」，就是位移幽默的根本技巧。

不少人都希望自己能言善辯、妙語如珠，幽默詼諧地和周遭的人交談。這時，若能把握位移幽默的技巧，就能爲自身談吐增色不少。

位移幽默就是思想傾向的偏離，把重點移到另一個主題上，避開原來的主題。人們常用怎麼、怎麼樣、什麼樣等等語詞詢問，回答這類問題時，位移幽默往往會造成意想不到的幽默和機智效果。

在一次軍事考試的面試中，主考軍官問士兵：「某個漆黑的夜晚，你在外面執行任務，這時，有人從後方緊緊抱住你的雙臂，你該說什麼？」

「親愛的，請放開我。」士兵從容地回答。

這段無厘頭的對話乍看之下，會讓人覺得有些莫名其妙，但仔細一想其中涵義，實在令人忍俊不禁。

「親愛的，請放開我。」一般是情人間親暱的話語，軍官提問是想知道士兵要怎樣對付敵手，但年輕的士兵則理解或者說故意理解爲戀人抱住他雙臂時，他該說什麼。把原本重點「怎樣對付抱住他雙臂的敵手」，巧妙轉移成另一個主題「怎樣對付抱住他雙臂不放的情人」，這就是位移幽默。

人們說的話，往往字面意思與說話者想表達的意思並不完全一致，也就是一句話有「表意」和「眞意」。將人們話語中的「眞意」棄之不顧，只取話語的「表意」，就是位移幽默的根本技巧。

以位移前提造成的幽默往往令人忍俊不住。

房客對房東說：「我無法再忍受下去了，這房間不斷漏水。」

房東反駁說：「你還想怎麼樣？就你憑繳的那一點房租，難道還想漏香檳不成？」

這的確是個很精湛的幽默。房客話的意思是「不論漏的是什麼都有礙於他」，但是精明的房東卻故作懵懂不知，將這句話位移為「不足以漏香檳」。

如果能辨明話的「眞意」與「表意」，就可以應用這種位移幽默製作出許多幽默元素，帶來歡笑。

模仿也能創造幽默新意

最經濟、最省事省力的辦法，就是以模擬幽默推陳出新，從老句子中變出新把戲。如此，永遠都不愁沒有新的幽默內容。

模擬幽默就是把大家熟悉的語言情境增添新意，再與原意形成對照，從而產生不協調的樂趣，創造幽默感。

模擬幽默要把握好「名」、「熱」、「新」這三項基本原則。

「名」就是指模擬對象應當是知名度高的名篇、名言、名句，或大家熟悉的成語、台詞、俗話等。

「熱」就是指表達的內容應符合時代潮流，最好是人們關心或者有爭議性的熱門話題，這樣就能很快令人們產生聯想，引起共鳴。

「新」就是指表達內容的觀點要新。這是模擬幽默的靈魂，模擬幽默能否成功，就看內容是否新穎有趣。

模擬幽默有順擬法、反擬法、別擬法、擬人法等。模擬的要訣在於出人意料地把毫不相干的事扯在一起，內容越是風馬牛不相及越好，差距越大越能引起人驚訝。但在形式上，則是越相近越能引起共鳴。

順擬法是順著舊格式擬出新的內容，這種手法多用於觸景生情而即興創作，常能想出新的寓意和偶發詞。

古典小說《紅樓夢》問世以來，不知多少人模擬裡面的《好了歌》抨擊時弊。前一陣子，網路上就流傳著一首中國大陸人改編的《好了歌》，直指政治腐敗的現象：「世人都曉『倒爺』（大陸地區稱從事投機事業，以此牟取暴利的人）好，倒來倒去都『發了』，只要能把大錢賺，道德良心不要了。世人都曉『後門』好，這條路子『沒治了』，不管閒事有多難，最後全都辦成了。世人都曉『宴會』好，『四菜一湯』吃肥了，你請我來我請你，反正公家報銷了。世人都曉『扯皮』（意指賴皮，無理取鬧）好，不費力氣不要腦，扯上三年與五載，問題自然不見了。世人都曉『官僚』好，這頂帽子妙極了，出了問題別害怕，戴上帽子事沒了。」

諸如此類套用舊格式再填上新內容的類比法，形式上很像填詞，但只要內容確實是有感而發，就不會顯得「爲賦新詞強說愁」。

反擬法就是將我們日常生活中的習慣用語，偶爾反用其意，造成新奇的幽默感。反擬比順擬更能令人留下深刻的印象，這是反差造成的效果。反擬法看起來簡單，只是要將現成就有的習慣用語反過來說，但是說法與內容必須新穎自然。

別擬法就是要擬出幽默的另一番解釋，這也是我們經常有意無意運用的辦法。比如，我們把那些過於寵愛兒女的父母親叫做「孝子」，這已不是傳統倫理道德中所指的「孝子」，而是孝順自己兒子的「孝子」了。

別擬法要擬得自然貼切，切忌生硬模仿，應當追求一種天然的妙趣，人爲的痕跡越少越好。

人們常說好作品百讀不厭，這其實是誇張的說法。因爲不管是多麼幽默的人，只要口頭禪一多，話語就會顯得缺乏幽默感。

這時，最經濟、最省事省力的辦法，就是以模擬幽默方式推陳出新，從老句子中變出新把戲。

如此，永遠都不愁沒有新的幽默內容。

適合自己的，就是最好的

每種幽默形式都有優點和缺點，因此在運用時，得先衡量自己的優缺點，然後再從眾多幽默形式中，選出最適合自己的加以發揮。

許多人都已意識到幽默的重要性，特別是在表達個人想法的問題上，適度發揮幽默有助於推銷自己。

一般說來，在表達個人看法的時候，無論是面對一個人還是面對一大群人，都希望透過幽默的方式，將自己的觀點更確切有效地表達出來，希望透過幽默的表達贏得同事或上司、部屬的認可和支持。

但是，許多人在這方面還缺少應有的自信心，有些人認爲自己不善於說笑話或講有趣的故事，不會把幽默與自己的觀點融合在一起。要解決這一障礙，關鍵在於多學多練、大膽嘗試。

在一開始運用幽默技巧時，不必要求過高，不必非得企求造成強烈的說服力與感染力，同時要明白，並非只有透過笑話才能表達幽默。

一般而言，一個完整的笑話要有人物、地點、時間，有令人發笑的情節，最後有個令人深思結尾。不能否認，這樣完整的笑話的確是表達幽默的一種極佳手法，但是，不要忘記還有許多更爲簡潔的幽默，例如俏皮話、雙關語、警句……等等。它們可能屬於笑話，也可能不屬於笑話，但都是幽默的形式之一。

雖然笑話是個傳達幽默的方式，但並非絕對必要，況且那種只靠講笑話引人發笑的效果也不一定很好，因爲有時會顯得過於膚淺，無法給人眞誠、睿智的感覺。

每種幽默形式都有它的優點和缺點，因此在運用這些幽默形式與辦法時，得先衡量自己的狀況，衡量自己的優缺點，然後再從衆多幽默形式中，選出最適合自己的加以發揮。

有一次，作家布萊特因故迫不得已要辭退那個僕人，並幫他寫了封推薦信，他說：「我在信中說你是個誠實的人，並且忠於職守，但是我不能寫你是個清醒冷靜的人。」

那個僕人說：「您難道不能寫我經常是清醒的人嗎？」

再如，有個拳擊手在比賽中重重地挨了幾拳，立時頭昏眼花、腳步不穩，但心中卻有幾分得意，「我這個樣子必定把他嚇壞了，他怕打死我。」

又有位演說家在講到喝酒的害處時，不禁喊道：「依我看，應當把酒統統扔到海底！」

聽眾之中有個人大聲說：「我贊成。」

演說家一聽更加激動，「先生，恭喜你，我想你已深深明白今天這場演講的旨意。請問你從事什麼工作？」

「我是深海潛水夫！」那名觀眾一回答，登時引起哄堂大笑。

在以上三個例子中，最後都達到幽默、令人發笑的效果，但這三個例子都非運用說笑話的方式，而是依據當時情境，以一兩句幽默語言達到「笑」果。

由此可見，要發揮幽默，運用何種形式或方法並不是重點，重點在於該方法是否切合當下情境、是否符合個人特質，唯有符合這兩點後，才能將幽默發揮到盡善盡美。

02 把握尺度，善用幽默元素

運用幽默元素時，
千萬注意不要拿對方的「痛處」開玩笑，
這樣的幽默會讓對方覺得
說話者心存惡意或別有用心，
因而產生無謂的紛爭。

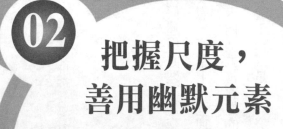

善用同理心博取對方認同

若想要別人接受你的意見，就要先對他表示出同情與了解，並試著站在對方的立場上分析事情，如此對方就會比較容易接受你的想法。

如何運用同理心是交際藝術中非常重要的一點，人類社會正是因爲人們互相勉勵和安慰，心靈上相互理解，才發展到現在這個水平。

像卡內基就常對他的親人和朋友們說：「好好養病，不用多久你就能健康地走出醫院啦！」或是：「努力做吧！憑著你的聰明才智，肯定會做出一番成就的。」還有：「只要你堅持下去，成功之路就會展現在你面前。」卡內基的朋友們也常常在這樣的言語激勵下，獲得信心和勇氣。

另外，同理心對緩和狂暴的感情有很大的幫助。據調查，有百分之七十五的人都渴望得到別人的同情，所以若是懂得同情別人，便會受人喜歡。

面對別人發洩負面情緒，你要真心誠意地說：「我能理解你有這種感覺。如果我是你的話，也會跟你有相同的想法。」

只要能充分表達這個想法，就能免去爭執，消除對方的負面情緒，並創造出良好的氣氛，即使是壞脾氣的老頑固，態度也會不自覺地軟化。

滿古是吐薩市一家電梯公司的業務代表，這家公司負責維修市裡最好的飯店的電梯。該飯店為了效益，每次維修只准停兩個小時，但一般維修至少要花上八個小時，而且在飯店停用電梯的這兩個小時內，他們公司又不一定能派得出工人。

於是，滿古派出公司內最好的技工，同時也打電話給這家飯店的經理。

他沒有花時間和經理爭辯，只是說：「瑞克，我知道你的客人很多，也知道你不想影響飯店的效益，所以儘量減少停用電梯的時間，我們也會儘量配合你的要求。但你知道，當我們檢測出故障而又不能把它徹底修好的話，那麼電梯的情況會更糟的，到最後可能還要多耽誤一些時間，而我知道你絕對不會願意讓客人好幾天都無法使用電梯的。」

聽完這段話後，經理不得不讓電梯停開八個小時，畢竟這樣總比停用幾天要好多了。

滿古站在飯店經理的立場，從客人的角度去分析電梯維修問題，自然很容易就獲得了經理的同意。

諾瑞絲是一位鋼琴教師，她的學生貝蒂總留著長長的指甲，問題是想要學好鋼琴，就不應留長指甲。於是，諾瑞絲打算勸貝蒂剪去她的指甲。

上鋼琴課之前，她們的談話內容根本沒有提到貝蒂指甲的問題，這是因為那樣做可能會打消她學習的慾望，而且諾瑞絲也很清楚貝蒂非常以她的指甲為榮，經常花很多功夫照顧它。

上了第一堂課之後，諾瑞絲覺得開口的時機已經到了，因而就對貝蒂說：「貝蒂，妳的指甲很漂亮呢！妳也想把鋼琴彈得這麼美嗎？要是妳能把指甲修得短一點的話，妳就會發現把鋼琴彈好是很容易的。妳仔細想想，好不好？」

貝蒂聽了之後，對她做了個鬼臉，意思是否定了她的提議。

然而，出乎諾瑞絲意料之外，當貝蒂下個星期去上鋼琴課時，貝蒂竟然把她心愛的指甲剪掉了。

諾瑞絲成功了，可是她並沒有強迫孩子那樣做，她只是暗示她：「我很同情妳，我知道妳一定很不忍心剪去妳的漂亮指甲，但妳若是想在音樂上得到收穫，恐怕就一定得這麼做。」

由此可見，想要別人接受你的意見，就要先對他表示出同情與了解，並試著站在對方的立場上分析事情，如此對方就會比較容易接受你的想法，這正是「同理心」在人際關係和管理工作上最大的作用。

試著做個幽默的人

笑容會讓人開心，即使你自己很沮喪，只要試著露出笑容，心情就會開朗起來，這是幽默的最基本條件。

很多不善言詞的人一聽到幽默的話語，心裡不禁會想：「如果我也能講出那麼好笑的話就好了！」

所以，就有許多本來沒什麼幽默感的人，爲了讓聆聽者發笑，故作幽默地說一些低級無趣的葷笑話，或是讓別人笑不出來的冷笑話，有時候反而會惹來大家的不悅，或是破壞了當時的氣氛。

其實，眞正的幽默感，是自然地醞釀出來的東西，唯有自然流露的幽默感，才有可能讓聆聽者的心靈緩和下來，彼此充分溝通。所以，想要言談幽默，首先就先期許自己做個幽默的人吧！

那麼怎樣才能成爲一個幽默的人呢？

具體來說，大略可分爲以下五種方法：

●將自己心中的「完美主義」趕出去

對凡事都要求完美的人，不太可能具有幽默感的。因爲如果沒有一定程度的包容，幽默感是不會產生的。

人生難免有失敗，失敗有時會讓人生更精采，如果你自己都無法認同失敗的存在，就無法成爲具幽默感的人了。

●凡事要有開朗樂觀的想法

人類有的樂觀、有的悲觀，如果你是屬於悲觀的人，不妨想想，悲觀幾乎不會改變事實。如此一來，還有什麼好悲觀的呢？

人要擁有樂觀的想法，想法樂觀的人會比較開朗，也比較有彈性，也已經具備了醞釀出幽默感的特質了。

•不要將失敗的經驗累積在心中

每個人在做一件事時，一定都希望成功，可是難免還是有失敗的情況。一般人不可能期盼失敗降臨，然後將那些失敗的經驗放在心中，再去跟人家分享的。

可是，從逆向思考的角度而言，你將你的失敗經驗告訴別人，如果不是什麼太嚴重的失敗，他們絕對會開懷大笑的。

因爲，我們都喜歡別人的失敗經驗，但是自己經歷了一模一樣的失敗，卻無法主動開口。因此，這些失敗的經驗如果由你自己說出來，別人就會覺得你是個懂得自我解嘲，有幽默感的人。

•消滅負面的妄想情結

如果不加以約束，大多數人的心裡會慢慢浮現妄想的情結。這種妄想並不會帶來任何利益，只會讓心情更灰暗，這樣就不會產生出幽默感了。一旦你產生了妄想，不妨提醒自己去消滅它。

● 表情很重要，不要忘記笑容

笑容會讓人開心，即使你自己很沮喪，只要試著露出笑容，心情就會逐漸開朗起來，心情開朗是幽默的最基本條件，所以不要忘記要隨時保持笑容。

無意間說出的一句話，可能會讓你的人生變好或變壞，短短的一句話，也會讓一個人幸或不幸。你在和人說話時，是否都會意識到每句話的重要性呢？

就因爲不是每個人都經得起開玩笑，所以，想要成爲一個幽默的人，不要開別人玩笑，而應該試著對自己開點玩笑。

像是故意提到自己的弱點或自卑的地方，說一些誇張的話或俏皮的話，時而說出帶點諷刺的話……等等。

你可以經常找機會練習，想要說出具有幽默感的話，你自己就必須先成爲具幽默感的人才行喔！

用幽默談吐為生活添加色彩

幽默能在談吐中加點佐料，讓枯燥的語言中有了色彩與起伏，讓平凡的日子裡有了歡笑與喝采。

幽默的談吐往往惹得人們捧腹大笑，而且談吐的風趣也是一種美感。生活中的幽默既可以隨意發揮，也可以刻意設計，不論是何種幽默，都是調劑生活的好辦法。善於運用幽默的人，都是對生活充滿熱愛的人。

一般常見的幽默運用方式有以下幾種：

- **對話式幽默**

這種幽默方式能將對話雙方的智慧激發出來，彼此一唱一合，相映成趣。

鬢髮斑白的美國影壇老將雷利拄著枴杖步履蹣跚地走上台，很艱難地在台上就座。看到這樣一個老人，讓人很自然地為他的身體擔心，所以主持人開口問：「你經常去看醫生嗎？」

雷利答：「是的，常去看。」

主持人問：「為什麼呢？」

雷利答：「因為病人必須常去看醫生，這樣醫生才能活得下去。」

此時台下爆出熱烈的掌聲，人們為老人樂觀的精神和機智的言語喝采。

主持人接著問：「你常去藥局買藥嗎？」

雷利答：「是的，常去。這是因為藥店老闆得活下去。」

台下又是一陣掌聲。

主持人又問：「你常吃藥嗎？」

雷利再妙答：「不，我常把藥扔掉，因為我也要活下去。」

台下觀眾哄堂大笑。

主持人轉而問另一個問題：「夫人最近好嗎？」

「啊，還是那一個，沒換。」台下大笑。

在這樣熱烈活潑的氣氛中，觀眾必然不會疲倦，台上主持人與影星極其詼諧的表演更委實令人傾倒。

•隨機幽默

這種幽默是根據看到的事物隨意聯想而成，讓人忍俊不禁、會心一笑。

在一次語言學課堂上，有幾個女同學不斷嗑瓜子，「嗑嗑」的聲音令人心煩。可是許多認真聽課的同學又不好意思制止，只好望著正在講課的老師。

突然，老師停止授課，並掃視一下教室。大家鴉雀無聲，等著老師大動肝火地批評那幾個嘴饞的女孩子。可是沉寂片刻後，老師卻微笑著問：「請問你們班一九九六年出生的同學有多少人？」

同學們均莫名其妙，眾人呆了一會兒，才不知是誰說了一句：「有二十多人。」

接著老師又問：「一九九六年出生是屬什麼的呢？」

另一名同學回答：「屬鼠。」

「哦！是鼠啊！怪不得嗑瓜子的聲音這麼響。」

話一出口，台下笑聲四起，至於那些嗑瓜子的同學不得不知趣地放棄手中美食，心悅誠服地聽老師講課。

•交際幽默

這種幽默完全是爲了交際需要而刻意設計的，除了引人發笑之外，它還有深刻的涵義。

這些眞正幽默的人從不輕易傷害別人，只會使別人和自己的生活中時時刻刻充滿風趣和快樂，他們是令人快樂的成功交際家。

有一位年輕人最近當上了董事長。上任第一天，他召集公司職員開會，在會中自我介紹說：「我是陳剛，是你們的董事長。」然後打趣道：「我生來就是個領導人物，因為我是公司前董事長的兒子。」

參加會議的人都笑了。

他用幽默的口吻和「反諷」的修辭手法，證明他能以公正的態度看待自己的地位，並對此有著充滿人情味的理解。

實際上，他正是採取這種反諷方式來委婉表示：「我會讓你們改變對我的看法，讓眾人知道我是靠自己的努力登上董事長之位。」

幽默能在談吐中加點佐料，讓枯燥的語言中有色彩與起伏，讓平凡的日子裡有歡笑與喝采。不論是採用以上何種幽默方式，只要能在言談中加上一些幽默元素，就能讓自己與周遭人的生活更快樂，同時能調和自己與部屬的關係。

把握尺度，善用幽默元素

運用幽默元素時，千萬注意不要拿對方的「痛處」開玩笑，這樣的幽默會讓對方覺得說話者心存惡意或別有用心，因而產生無謂的紛爭。

在談判場合運用幽默營造氣氛時，應特別注意莫越雷池一步，莫使高雅的幽默淪為低俗的滑稽和尖酸刻薄的諷刺。

運用幽默元素時，首先要注意時機和場合，最好能根據雙方談判的內容製造某種情境，形成幽默的氣氛。不要在一些比較嚴肅但並非尷尬、沉悶的時候，插入一些自己編造的生硬笑話，這樣不但不能達到活躍氣氛的目的，還會使人感到厭煩。

比較下面兩個例子，我們就不難明白這一點的重要性。

第一個例子，是一個球鞋製造廠商向某商場推銷一批品質低但價格高的鞋子。在談判過程中，廠商極力吹噓鞋的品質，「經理，您放心，這鞋的品質絕對沒有問題，它的壽命將和您的壽命一樣長。」

只見經理翻了翻樣品，微笑著說：「我昨天剛查過身體，一點毛病都沒有，我可不信我很快就會死。」

在這個談判中，經理巧妙利用鞋商過分誇大球鞋品質的時機，用幽默話語道出自己對鞋子品質的看法，如此既體現自己的素養，又使鞋商無法辯解，只能知難而退。

經理巧語解麻煩，將幽默運用得恰到好處。

第二個例子是在一次大型談判過程中，雙方都在仔細地閱讀各種資料，準備進行新一輪辯論，氣氛十分緊張、嚴肅，透著幾分大戰將臨的味道。

正當雙方首席代表正要發言時，某一方的助手卻說：「大家都喜歡看足球吧？

有這麼一個笑話是說，日本球迷去問佛祖：『日本什麼時候能得到世界冠軍？』佛祖答道：『五十年。』日本球迷哭著走了。韓國球迷也問佛祖：『韓國什麼時候能得到世界冠軍呢？』佛祖答：『一百年。』韓國球迷也哭著走了。最後，中國球迷問佛祖：『中國什麼時候能得到世界冠軍呢？』佛祖無言以對，哭著走了。」

這不失為一個有內涵的笑話，但這名助手講笑話的時機太不是時候，在不需要緩和氣氛的時候拋出了這樣一顆「笑彈」。這時，笑聲不是緩和而是擾亂了原本正式的氣氛，干擾了雙方已理清的思緒。

這樣的笑話不但沒什麼價值，反而會引起雙方反感。

由以上兩個例子可知，運用幽默時要見機行事，別讓幽默反倒引起惡果。

其次，運用幽默要注意切勿用一些比較低俗的方式表達，如扮女聲、裝嗲、學方言等。

這些不但不能使幽默令人回味，還會使人反胃，無形中給對方留下不好的印象，將會爲良好談判氣氛的營造設置障礙。

最後必須特別注意是，運用幽默元素時，千萬注意不要拿對方的「痛處」開玩笑，這樣的幽默會讓對方覺得說話者心存惡意或別有用心，因而產生負面的效果或無謂的紛爭。

用說笑話的藝術成為焦點人物

要將笑話說得好不是一件容易的事，對生性害羞、嚴肅或天生寡言的人而言更是如此，但只要經過訓練，人人都能成為說笑話的高手。

當許多人聚在一起時，如果大家都沉默寡言、悶不吭聲，那聚會便失去了意義。但此時只要有一個人能談笑風生、侃侃而談，整個聚會的氣氛就會完全變了個樣子，大家都會融入熱鬧和諧的氣氛中。

一個團體當中，若有一個擅長說笑話的人，就能使聚會的氣氛變得輕鬆活潑，那人也會成爲中心人物、大家談論的話題。「說笑話」是說話高手必備的一項技能，只是，說笑話大概算是交際中最難的一門藝術了，因爲它不僅需要樂觀的天性，還需要一定的知識和技巧。

卡內基的訓練課程中便相當注重這項技巧的訓練，也使得許多原本少言寡語的學生，在學習之後都能輕鬆開口說笑話。

例如，卡內基有位學生名叫寇地斯，是一位醫生，而且醫術十分高明。但是，也許是天性使然，他總是沉默寡言，更不擅長說笑話，這點也是他最大的煩惱。

卡內基告訴他不要沮喪，對他說：「在沒受過訓練的人中，失敗者通常占百分之六十，成功者只占百分之十，而其餘的百分之三十只能算是勉強及格者，且這百分之十的成功者大多是因爲他們天生就是一個說笑話的好手。」

卡內基告訴寇地斯，只要經過認眞的訓練，絕對能成爲說笑話的高手。

寇地斯接受完訓練之後，與卡內基一同參加了一個慶祝州棒球隊取得勝利的歡迎會。

若在以前，他站起來發言時一定會臉紅心跳，但現在不同了，他能以輕鬆的笑話做爲開場白，並博得在場嘉賓們的喝采。

由此可見，說笑話的技巧是可以學習的，即便你生性害羞，經過鍛鍊後也能掌握說笑話的訣竅。

其實，說笑話不一定要讓人捧腹大笑，最平常、最輕鬆的笑話往往就是最高級的笑話。

還有，在說笑話時，從表情到手勢都得統一，還要配合笑話的內容改變表情與動作，只要能把笑話說得生動，聽者自然會放聲大笑。

還有一個秘訣是，講笑話時切忌賣關子。因爲，說笑話不同於一般對話或說故事，它需要急轉而下，讓聽者在一瞬間爆笑出來，這樣的笑話才算成功。

還要注意，當你說笑話已說了一半卻無人發笑時，必須懂得自己捧場、自己放聲大笑，這麼做將不致於使氣氛陷入尷尬，也能爲自己找個下台階。相對的，當其他人說笑話時，你也應當儘量捧場，只要你適時捧了他的場，那以後你說笑話時，他也會給你面子的。

要將笑話說得好，不是一件容易的事，特別是對生性害羞、嚴肅或天生寡言的人而言更是如此，但只要經過訓練，人人都能成爲說笑話的高手。只要善用笑話這門藝術，就能帶動整體氣氛，並讓大家將注意力放在你身上，自然也就會成爲聚會中的焦點人物了。

有技巧的批評才能發揮效用

批評的目的應是讓對方了解錯誤並進行改正。因此，成功的批評應該在不損對方自尊心的情況下，使對方心甘情願地接受你的建議。

批評是一門藝術，一旦把握得不好，藝術便會變成惹人厭的廢物，所以批評他人時得掌握好技巧。

充滿幽默的批評方式就是一種成功的批評法，可以使人在輕鬆的氣氛中發現並改正自己的錯誤，這樣的批評才能發揮最大的效果。

一個成功的領導者批評屬下時，通常都能讓對方心悅誠服地接受，並且以後也很少會再犯類似的錯誤。

莫莉是卡內基的秘書，是一位漂亮又乖巧的女孩。在她眼中，卡內基是全世界最好的上司，她說自己從來不曾聽到卡內基用刻薄的語言批評下屬。

某一次離下班還有一刻鐘的時候，莫莉就急著想回家了，但她尚未整理完卡內基第二天的演講稿，於是匆匆地處理了那些講稿後就離去了。

第二天下午，卡內基演講結束後回到辦公室時，莫莉正坐在辦公室裡看著《紐約時報》，卡內基則面帶微笑地看著她。

莫莉問：「卡內基先生，您今天的演講一定很成功吧！」

「非常成功，而且掌聲如雷！」

「恭喜您！卡內基先生。」莫莉由衷地祝賀著。

卡內基接著面帶微笑地說：「莫莉，妳知道嗎？我今天本來是要去演講怎樣擺脫憂鬱，可是當我打開講演稿讀出來的時候，全場都哄堂大笑了。」

「那一定是您講得太精采了！」

「是這樣的，我讀的是怎樣讓乳牛多產奶的一條新聞。」說著，他仍舊帶著微笑地拿出那張報紙遞到莫莉面前。

莫莉的臉頓時紅了一大半，羞愧地道歉：「是我昨天太大意了，都是我不好，讓您丟臉了吧？」

「當然沒有，這反倒給了我更多的發揮空間呢，我還得感謝妳！」卡內基依舊露出笑容輕鬆地說。

從那次以後，類似這樣的毛病就不曾再出現在莫莉身上，而莫莉也更加覺得卡內基是個和藹又寬容的好上司。

一個優秀的人應儘量避免批評他人的過失，要是萬不得已非得批評他人的時候，可以採用幽默的方式。例如，先說個笑話拉近彼此的距離，然後再進行批評，讓被批評者在輕鬆愉快的氣氛中接受批評。如此既能讓對方了解自己的錯誤，也不會傷了對方的心，是相當高明的批評方式。

批評的目的是爲了讓對方了解錯誤並進行改正，而不是對他人做人身攻擊，因此，成功的批評應該是在不損對方自尊心的情況下，使對方心甘情願且樂意地接受你的建議，如此才能眞正發揮批評的作用。

不要讓幽默造成反效果

譏諷、攻擊、責怪他人的幽默，雖能引人發笑，卻常常會產生意想不到的嚴重後果，使本來融洽的關係產生隔閡。

幽默若不能爲人們帶來歡娛和快樂，反而帶來驚駭和痛苦，這便成了一件遺憾的事，同時也犯了幽默的大忌。

莎士比亞曾經說過：「幽默和風趣是智慧的結晶。」

美國學者赫伯．特魯也曾指出：「幽默是構成人的活力的重要部分，是產生創造力的源泉。」

法國作家格威更斷言：「幽默是比握手更文明的一大進步。」

魯迅先生則評論道：「一個缺乏幽默感的民族，往往是一個災難深重的民族、一個不幸的民族。」

誠然，幽默是美麗而神奇的東西，它可以成爲人與人之間的潤滑劑，除去人們心中的壓力，給人們輕鬆歡愉的心情，爲紛亂爭鬥的世界披上一層柔和的玫瑰色彩，爲嚴寒的冬天帶來一股暖流。

但是，任何幽默在社會心理上的價值，並不意味著它的普遍性，幽默的社會功能和文化功用，也不是指它具備了萬能的效應。

因爲它是一朵帶刺的玫瑰，任何不耐煩、莽撞都有可能使你飽嘗苦果，因而幽默雖好，但卻不要用來揭人傷疤，或者說，不要在別人傷口上撒鹽。

由於譏諷性的幽默有著嚴重負效應，因此，在使用幽默進行批評性言談的時候，就要反覆地嚴格推敲，不要讓人產生一種被嘲笑的感覺。

曾經有個高級飯店的服務員，總是不愛刮鬍子，雖然大家經常提醒他，他仍然積習難改。

有一天，經理找他談話，等他一進辦公室，經理劈頭就這樣問：「小宋，你想一想，你身上最鋒利的是什麼東西呀？」

小宋愣了一下，掏出水果刀說：「可能就是這把水果刀了。」

經理搖頭，說：「不見得，我看應該是你的鬍子。」

小宋不解地問，「為什麼？」

「因為它的穿透力特別強。」

小宋醒悟過來後，氣得滿面通紅。

還有位地理老師，講到岩溶地形，形容鐘乳石的形狀時，突發奇想地說：「如果大家不太清楚什麼是鐘乳石，那你們應該知道女性乳房是什麼樣子，它為什麼叫鐘乳石，就因為像女性的乳頭。」

此語一出，真是語驚四座，女生們感到無地自容，而調皮的男生們則大呼小叫起來。最後，這件事被人檢舉到校長那兒，這位地理老師受到了嚴厲批評，並且向同學們道歉了事。

以爲自己發揮了幽默感，沒想到結果卻令自己狼狽不堪，從而威信掃地，不是很冤枉嗎？

很多學者都認爲，幽默是在社會生活的基礎上而產生，它不是飄浮在空中的幻影；幽默的存在，表現了人們多方面的社會功利需要，包括懲惡除暴，調解糾紛，溝通內心世界，這使得幽默自然地要和諷刺、嘲笑、揭露和調侃聯繫在一起。

但是，千萬別忘了，不管幽默是基於善意的諷刺、溫和的嘲弄或嬉笑，仍然得經過一番思慮才是。

對於某些部屬，領導者常常覺得可笑又可憐，因而總是譏刺他，卻又必須諒解與寬恕他，這種內在的矛盾，便造就了幽默語言的暗示性和閃爍性。

幽默可以減弱批評的針鋒相對，透過誘導式的意會，發生潛移默化的作用。

有個靠房地產業致富的紐約巨商，碰巧遇見了大作家海明威，非要他簽名留念不可。

海明威對這個俗不可耐的爆發戶相當不屑，於是用手杖在沙上寫下了自己的名字，接著說：「請您收下我的簽名吧！」

還有一次，馬克．吐溫來到英國的一個城鎮，逕自走進一家旅館，侍者請他在旅館登記本上簽名，他翻開登記本一看，發現在他之前一位很有名望的旅客在這裡住過。

這位先生的簽名是這樣的：「馮．布特福公爵及其僕人。」

馬克．吐溫笑了笑，緊接著寫上：「馬克．吐溫及其一只箱子。」

明朝的開國皇帝朱元璋，還未當皇帝之前，有一次在鄉下趕路，當時已經是臘月初十，家家戶戶都掛紅燈、寫對聯，歡歡喜喜地準備好過年。

可是，有位閹豬為業的老頭卻滿面愁容，因為他自已不識字，不會寫對聯，雖然請了人來幫忙，但是這位幫手為了想出適合他的對聯，卻也一籌莫展。

這時朱元璋路過此地，看見這位屠戶一臉苦相，便問清原委，只見他爽快地說：「好辦，好辦，我可以替你寫。」

於是，他叫老人家拿出筆墨伺候，大筆一揮，便寫下這首傳頌千古的對聯。

上聯是：雙手劈開生死路

下聯是：一刀斬斷是非根

橫聯是：開天闢地

這眞是神來之筆，因爲這位老頭以閹豬爲業，說這個職業高雅，未免名實不符，但要說得粗俗一點也不對。

沒想到朱元璋卻用一副幽默對聯，巧妙地解決了這個問題，不僅沒有揭人家的痛處，還令使這屠戶有了新的職業視野。

魯迅先生也曾說過類似的笑話。

有個很窮的乞丐，很喜歡在人前誇耀他與富人的交往。有一次，他從外面吃飯回來，很高興地對大家說，今天那位遠近馳名的富人跟他說話了。

大家也都奇怪，那麼趾高氣揚的人，怎麼會和一個乞丐說話打交道呢？

於是，有人便問他：「那他跟你說了些什麼？」

乞丐很得意地說：「我一大早走進他的宅子向他討錢的時候，他對我說：『滾出去』！」

話才說完，立即引來哄堂大笑。

魯迅慣用的嘲諷，是用於諷刺那些趨炎附勢的小人，而不是對一般的人。

在我們的日常生活中，諷刺他人需經過理智的考慮。

因爲，尖刻的幽默很容易趨於殘忍，使人受到傷害、產生焦慮。譏諷、攻擊、責怪他人的幽默，雖能引人發笑，卻常常會產生意想不到的嚴重後果，使本來融洽的關係產生隔閡。

幽默不是自言自語

幽默可以讓人輕鬆處理人際關係、協調各方面的矛盾，想成為受歡迎的人，一定要具有幽默感。

幽默既不同於一般的嘲笑、譏諷，也不是似笑非笑，更不是輕佻造作地油嘴滑舌。幽默是修養的體現，與中傷是截然不同的，它是人際中的潤滑劑，中傷則是人際的害蟲。

真正好的幽默，是情感真實的自然流露，是嚴肅和趣味的平衡，所以，當我們慷慨地對人分享幽默樂趣時，別忘了也要懂得珍惜幽默。

幽默一定要看對象與場合，必須講求彼此之間的共同性，如果自己的意思只有自己懂，別人都不知所云，那便成了一種孤獨的自言自語。

幽默的群體性和娛樂性是十分明顯的，如果忽略了這一點，一味地強調自我的想法，這種幽默便不能被苟同了。

幽默不能離開群體的娛樂性而單獨存在，它本身就是具有社會性的，它在人與人的交往中產生，是人們在進行社會活動時的智慧之光。

有些人在社會交際中，總是唯我獨尊，說話蠻橫無理或肆無忌憚，全然不顧在場的人有什麼禁忌和喜好，於是久而久之，大家不約而同地對於這種人「敬鬼神而遠之」，只因他們都忽略了幽默的基本原則和特性。

有個秀才出門要買柴，好不容易遇到一個賣柴的樵夫，便遠遠地喊道：「那個賣柴的過來。」

於是，賣柴的樵夫便走了過來，只見這位秀才居然賣弄起文采，用文言說道：「其價幾何？」

樵夫雖然聽不太懂，但是卻也略知他是在問價錢，於是就說價錢多少。

沒想到那位秀才又繼續賣弄文言：「外實而內虛，煙多而焰少，請損之。」

意思是說，那賣柴的樵夫將柴外面捆得結結實實，而中間卻夾雜著比較差的柴，這樣的柴燒起來只會濃煙滾滾，而沒有什麼火苗，而「請損之」意思是「價錢再降低一點」。

然而，這些話對樵夫來說，根本聽都聽不懂，所以他不管這些之乎者也的意思，挑起木柴轉身便走了。

這個故事說明了，想要賣弄才學，一定要看對象與場合，講求彼此之間的共同性，如果你的意思只有自己懂，別人根本不知所云，那根本只是在唱獨角戲，台下沒有戲迷啊！

在日常生活中必須向別人表達想法，也需要各種不同的幽默力量來打開局面，構成聯繫彼此的心靈網路。

然而，太偏重某一方面而缺乏必要的靈活性，這樣的溝通只會越來越困難，共識或溝通的橋樑就會越來越少，甚至有一天會中斷。

當其他人幽默地發表意見時，你應時時報以微笑，而不能冷若冰霜，更不要冷言冷語反唇相譏。當然，幽默絕不是任何一個人的特權，而是社會的精神財富和人們快樂來源的寶庫。

能對他人的幽默做適當的反應，一方面是社會禮儀所要求，另一方面你也會得到回報。因此，千萬不要過於冷漠，要接受他人、鼓勵他人，以幽默來使感情融洽，架起友誼的橋樑。

其次，幽默的社會功能，可以讓人輕鬆處理人際關係、協調各方面的矛盾，有利開展工作與展示自身才華。

總之，想成爲受歡迎的人，一定要具有幽默感。

03

靈活運用自己的幽默

在我們的日常生活中，
最常見的有三種類型的幽默：
哲理性、詼諧性和嘲諷性幽默。
優秀的領導者可以從中萃取菁華，
靈活加以運用。

幽默的領導人更受人歡迎

幽默感不僅是積極的領導統御策略，更是你的護身符，即使遇上對手的銳利武器，都能靠著幽默全身而退。

一個領導人應注意的外在表現形式，應該包括哪些內容和方面？

一般人想到的多半是服飾、儀表，即使涉及到談吐和口才，也經常忘了幽默感就是成爲一個領導高手的要訣之一。

幽默儘管與一個人的個性和修養關係密切，但它並非屬於性格和天性範疇，而是屬於個人經驗與自我鍛鍊的產物。

此外，由於各地的習俗不同，在某個環境中具有幽默感的東西，到了另一個地方，也有可能變得一點也不幽默，比如俄羅斯的很多笑話，到了英國卻成了冷笑話，原因就在於此。

幽默可以經由後天的培養而獲得，因此，想要成爲領導統御高手，就不能以「因爲個性」的藉口來拒絕「幽默」。

很多主管級的人物之所以性情都過於刻板，有個很重要的原因是，他們陷入了認識上的盲點，認爲既然自己是領導者，就要有領導者的「樣子」，要有「嚴肅認眞」的威儀。

這種認知雖然沒錯，但是你只需對工作嚴肅認眞，並不需要對所有接觸的人也板起面孔。

眞正的領導高手，無論走到哪裡都會有笑聲，讓人如沐春風，令追隨的下屬或合作的伙伴感覺輕鬆、愉快。

如果，你一天說不到一句話，總是在員工和下屬的面前擺「架子」，這是一種很不明智的做法，甚至還隱含著潛在性的危險。

因爲，你自己用了一道無形的圍牆將自己和大家隔開，使彼此成爲兩個世界的人，雖然員工作都很怕你，你也確實很有權威，但是，最後你終將成爲孤獨的人，成爲大家敬而遠之的人。

其實，具有幽默感的領導人才是最受歡迎的。

所以，別那麼嚴肅，適度地展現風趣的一面，表現自己的幽默風采，才更能吸引衷心臣服於你的人才。

幽默是一種外在形象的修養，與一般的日常生活中的笑話，既有相同的部分，卻也有一定程度的差別，絕非庸俗的「搞笑」。

總之，幽默感不僅是積極的領導統御策略，更是你的護身符，即使遇上對手的銳利武器，都能靠著幽默全身而退，重新開始另一場戰局，所以，幽默是領導高手應具備的必須素養。

靈活運用自己的幽默

在我們的日常生活中，最常見的有三種類型的幽默：哲理性、詼諧性和嘲諷性幽默。優秀的領導者可以從中萃取菁華，靈活加以運用。

無論是哪一種幽默，即使差異很大，它們都有著一個共同之處，那就是旨趣必須是由內而外地發出，從人的顯意識和潛意識中產生。

就幽默的展現而言，輕鬆滑稽、逗人開懷的詼諧話語，那可以說是幽默；才智機敏，妙語解疑的機智，也是一種幽默。

就幽默而言，「幽自己一默」的自嘲，那可以說是幽默；「幽別人一默」的調侃，也可以說是幽默。

就幽默所製造的效果而言，讓人露出會心的微笑，那是幽默；讓人忍不住哄堂大笑，那也是幽默。

就幽默的境界而言，寓意風雅、耐人尋味的風趣，可以說是幽默；氣度恢宏，率真超脫的豁達，也可以說是幽默。

幽默可以帶來快樂，使人從痛苦的經驗和情緒中掙脫出來，是一種生理和精神活動，英國著名哲學家索利曾經這樣談幽默：「人類語言中幾乎沒有一個詞彙，比這個人人都熟悉的詞更難下定義了。」

幽默是個開放的和通俗化的語言概念，幽默的方式可說是「無限」的。它的關鍵因素在於是否具有「趣味性」，只要能產生有趣的效果，任何有聲的和無聲的，任何有形和無形的舉動、言語、思維、氣氛都可以成爲幽默的媒介，傳遞幽默的訊息符號，從而成爲幽默的表達方式和存在形式。

什麼力量是幽默的眞正源泉和內容呢？

我們可以進一步說，有趣與好笑，主要更取決於行爲主體的情感、好惡、文化素養……等等。

蘇聯美學家賓斯基曾經說：「幽默可以採取任何形式，以適應任何的時代思潮及其歷史性格。」

關於這點，從當代歐美各國幽默雕塑、幽默工藝、幽默新聞……等等的流行，就可以得到證明。

我們可以這樣認爲，所謂幽默只是較高級的玩笑話，它不一定要使人捧腹大笑，只要能使別人莞爾一笑，便已達到基本功能。

它從人的顯意識和潛意識中產生，因而它是人的情緒、情感、意識、個性，還有價值判斷合乎邏輯的表露。

正因爲如此，它總是生動地表現出各種各樣心智和心力，成爲一種能爲人們所能感知和把握的個性心理和社會心理。

在我們的日常生活中，最常見的有三種類型的幽默：哲理性、詼諧性和嘲諷性幽默。優秀的領導者可以從中萃取菁華，靈活加以運用。

哲理性幽默，包括那些靈機一動的閃光和火花，信手拈來的雋詞佳句，耐人尋味的諧趣珍聞，令人回味無窮。例如：

「如果你想考驗狗的愛情，那麼你只需要扔過去一根骨頭。」

「如果你想讓人記住你，就得不斷地跟他借錢。」

詼諧性幽默，大多出現在性格的幽默中，表現方式是大智若愚的「拙巧」，這類幽默往往三言兩語，卻能收到讓人拍案叫絕的效果。

德國天才詩人歌德在威瑪公園的小徑上，和一位自命不凡的文藝評論家相遇。那位評論家傲慢地說：「對一個傻子，我絕不讓路。」

歌德聽了之後，微笑著往旁邊一站，說道：「我卻恰好相反。」

歌德的詼諧不但含蓄，而且還具有比正面攻擊強烈得多的反擊效果。

最後，我們再來看看嘲諷性幽默。

「嘲諷性幽默」是最常見的幽默之一，它是以溫和而寬厚的態度對假、醜、惡的人或事，做出輕微的揶揄和批評，有時雖然荒誕不經，卻能發人深省。

其中所產生的張力，遠比一大堆廢話，或一長串情節更富有表現力和效果。

魯迅可說是中國近代文學史上的幽默大師，對於他的幽默，我們可能感到更爲親切，更爲熟悉。

像他對筆下的阿Q，正是「哀其不幸，怒其不爭」，他對此人物極盡嘲諷之能事，以揭示麻木不仁的「國民劣根性」。

有一回，阿Q對人們說：「我本來姓趙！」

後來，這段話傳到有權有勢的地方豪紳趙太爺那兒，趙太爺聽了非常生氣，他想到這個王八蛋也和他同一個姓，實在很不配，於是便把阿Q找來，當面問他：「你也姓趙嗎？」

阿Q點了點頭，沒想到，這位年過六旬的趙老太爺居然跳了下來，並賞了他兩巴掌，從此以後，阿Q再也不敢說自己姓趙了，而且對自己的姓氏也漸漸忘卻，只記得自己「似乎姓趙」。

有一年，阿Q參加革命不成，反倒成了革命失敗者的代罪羔羊，即將被槍決正法。法官們要他在供詞上畫押，他卻說不會寫字，他們就說不會寫字也無妨，只要畫個圓圈也行。

於是，他一手握著筆，手卻不停地發抖，好不容易畫成一個爪子形的圓，他還嫌畫得不夠圓，感到很遺憾，還想重新再畫，可是法官們早已等得不耐煩，一把將判書扯了去，等到要上刑場的那天早晨，他才有了點朦朧的感覺：「這似乎是要去殺頭！」

阿Q糊裡糊塗地生，又糊裡糊塗地死，魯迅筆下的他，既使人覺得發笑，但是在笑過之後，卻又深感悲哀，而這也正是大師特有的嘲諷式幽默藝術，一種讓人深醒的幽默。

你也可以選擇適合自己性情的幽默表現方式，達到更有效的效果。

刻畫人性的幽默表現方式

幽默，不需要過多的話語，也不需太多的描述，真正的幽默往往有意味雋永的深意，值得領導者加以活用。

恩賽丁曾說：「當我們的社會廣泛地通過一種幽默而聯成一體，當每一位公民被笑所征服時，那我們便能永久地置身在祥和的氣氛中。」

的確，幽默是我們最佳補品，我們的生活需要笑，人生更需要幽默，即使是在事業上，面對上司與下屬仍然需要笑與幽默。

那麼，幽默究竟在哪些場合和哪種環境，最能顯示它的魅力和功用呢？

我們不妨看看蕭伯納與小女孩的對話。

有一天，劇作家蕭伯納接到一位小女孩的來信，信中寫道：「蕭伯納先生，您是我最崇敬的一位劇作家，為了表示我的敬意，我打算用您的名字來命名一條別人送給我的小獅毛狗，不知您意下如何？」

蕭伯納給小女孩回信說：「親愛的孩子，讀了來信頗覺有趣，我贊成妳的想法。但是，妳必須與妳的獅毛狗談談，問問牠的意見如何。」

幽默對幼稚和純眞總是不吝嗇自己的愛，由此折射出長者宏大、寬厚的優秀品格，從而在忘年之間傳導出人類那種最原始的人性。

在中國古典名著《儒林外史》中，作家吳敬梓也曾塑造一個吝嗇已極的讀書人形象。他筆下的嚴貢生一輩子勤奮讀書，老實做人，一生貧困潦倒，也養成了極其節儉吝嗇的習慣。

吳敬梓對他用墨不多，但這個藝術形象卻躍然紙上，栩栩如生。原因何在呢？就在於吳敬梓使用了幽默表達方式。

就在嚴貢生病重臨終的時候，床邊圍了很多親友和家人，嚴貢生一會兒昏死過去，了無聲息，一會又醒來，就這樣反覆多次。

於是，家人便問他，是否還有什麼事未能如願，但是他已經完全不能再說話了，只能勉強伸出兩隻顫抖的手指。

看著這個動作，卻沒有人明白這兩個指頭代表什麼意思，於是，有人把他的一位最知心的朋友請來。

這位老朋友聽說這個情況，一進門就注意觀察，最後才發現，放在嚴老先生床前的油燈多了一根燈芯，因為平日只用一根燈芯的。

於是，他叫人吹去其中一根，就在吹滅其中一根之後，嚴老先生果然很釋然地嚥了氣！

吳敬梓爲了將這位讀書人的吝嗇和節儉，入木三分地刻畫出來，很巧妙地用了幽默的表達方式，抓住他在死的最後一刻的表現，加以渲染、誇張，深刻地刻畫出人物的強烈性格。

另外，魯迅也曾採用類似的筆法，來描寫一個老和尚的虛偽，揭露佛門聖地的偽善。

一個很有名的寺廟裡，有位年過古稀的老和尚，在臨終前一直未能安息，於是有人建議找個女人脫光衣服，讓老和尚看上幾眼，也許他就能安然而去。

沒想到，在女人脫光衣服之後，老和尚說了句意味極深長的話：「原來和尼姑是一樣的！」

說完之後，他便閉目離去。

魯迅的意思其實也很清楚，既然老和尚知道一般女人的身子和廟裡的尼姑別無二致，那就是說，他也曾與尼姑私通。

簡單的一句話，可說是寓意深遠。

這就是魯迅式的幽默，它不需要過多的話語，也不需太多的描述，寥寥數筆便能勾勒出人物的輪廓，諷刺力量之深，不僅深刻雋永，更讓人激盪思考。

這幾個幽默的故事，不只是讓人會心一笑，同時也發人深省，有所思考與感悟。這種幽默與一般的笑話不同，說明，真正的幽默往往有意味雋永的深意，值得領導者加以活用。

其實，赤裸裸地責備、批評、挖苦，往往會造成反目成仇，特別是在雙方並不存在對等位置的時候。如果對方是你的上司，你的前途就有可能受到影響；如果對方是你的下屬，在他的心裡也會對你產生一定程度的反感。

幽默是最好的潤滑劑

幽默的領導人物，無論走到哪裡都會使氣氛活躍起來，相較之下，缺乏幽默感的領導人往往到處碰壁。

每個人都希望和別人和諧相處，也深信和氣能生財，但事實上，我們表現出來的行為卻經常與這些想法相左。

當我們試圖說服對方，或者為自己的言行進行辯解時，往往容易感情用事，表現衝動，從而引發不必要的爭吵及矛盾，所以，怎樣學會包裝修飾，讓對方能輕易理解與接受，是相當重要的。

遇上衝突，除了幽默，就沒有其他更好的化解方法了。

特別在商界的應對上，絕大多數的會議和交涉，最終的目的就是要設法說服別人，接受自己的意見和條件，如果稍微沒有把握好，很容易就會變成攻擊性的爭吵和對峙，不僅傷了和氣，更可能失去了一個生意上的好夥伴。

那麼，我們是不是應該試著換另一種辦法來應對呢？

首先，聽聽對手的意見以及他所提出的條件。

如果他的要求合理，自已能夠接受，那麼就皆大歡喜。如果他的條件和要求實在有些過分，使你難以接受，那麼，你大可運用幽默風趣的話語來進行駁斥或反擊。

這樣，既可以有效地表達你的意願和態度，又能給對方留下充足的餘地，還能避免無謂的爭吵和隨之而來的不愉快，不是嗎？

美國總統林肯就是一個善於用幽默解決問題的高手。

在美國南北戰爭中，他對麥克倫將軍未能掌握好軍事時機感到極爲不滿，但是他並沒有嚴加斥責，而是寫了一封信給他。在信中，他這樣說：

「親愛的麥克倫：如果你不想用陸軍的話，我想暫時借用一會兒。

敬愛你的林肯上」

如此一來，林肯總統既給了自己直接插手干預軍隊的指揮，找到了一個充足的理由，更表達自己對麥克倫將軍指揮方法的意見，促使他意識到自己的失誤。

身爲主管的人，難免會有極想斥責下屬做事不力或做事不妥的時候，但有人善於處理這些情況，有的人卻容易造成風波。差別便在於，斥責或責怪別人時，最難於把握時機與恰當性，稍微不慎就有可能傷及對方的自尊心，在自尊心受傷的情況下，人往往變得易於激動和憤怒，造成兩敗俱傷。

現在的下屬，已經不再像過去那樣唯唯諾諾，身爲主管和上司的人，一定要善於與他們溝通，善於與他們打成一片。

最好是一有空閒時間就和他們聊聊天，說說笑話，幽默一下，如此一定比你板起面孔時的效果來得好，員工們的關係也會變得更加融洽，工作效率也能提高不少。

儘管幽默與否，與各人的個性特徵有一定的關聯，但也有很多人是因爲後天的因素，找出自己的特色，從而發揮作用，所以，我們要從平時開始培養起幽默感，儘量使自己變得活潑、生動、有內涵。

看看你身邊的人，那些幽默的人物，無論走到哪裡都會使氣氛活躍起來，大家和他有說有笑，很多別人解決不了、處理不了的問題，只要一到他手裡都會迎刃而解，或者大事化小，小事化了。

相較之下，缺乏幽默感的人往往到處碰壁，因爲他們不善於幽默，更不善於讓別人瞭解他，當他板起面孔的時候，人們便會有一種難以接近的感覺，說深了也不妥，說淺了也不適當，如此便很容易出現僵持的局面。

我們都聽說過點石成金的故事，石頭處都有，但是如何使它變成珍貴的金子，這的確是一件很神奇的事情。

其實，幽默就是點金術，而且這種點金術並不像神話故事裡講的那樣，需要神仙的法術或仙人指點，我們每個人早就具有了這種潛力，只要我們充分地發揮，自然能讓自己的工作和事業，變得輕鬆而又有趣。

用幽默的言語保護自己

幽默是一把雙刃劍，既可以保護自己，也可以給對手留下足夠的面子；既可以用它來進行攻擊，又可以使它成為彼此關係的黏著劑。

英國思想家培根曾經說過：「用適當的話語和別人進行交談，遠比言詞優美、條理井然更為重要。」

每個人價值觀念不同，行事風格大異其趣，說話的方式也不盡相同，因此和別人打交道時應當察言觀色，對不同的人應當採取不同的說話方式，並且時時注意變換談話的內容。

尤其是身爲領導者，每天都必須面對繁雜的事務，同時也得妥善處理各種狀況，以及突如其來的明槍暗箭；想成爲領導統御高手，就得學會用幽默的語言保護自己。

齊國的使臣晏子因公到楚國來訪，楚國人知道晏子身材矮小，便想戲弄戲弄他，只見他們打開城牆中專供狗出入的小門，要讓晏子進城。

於是，晏子便說：「我只聽說，出使狗國才從狗門進去，我現在出使的是楚國，而不是狗國，所以我不能從狗門進，除非……」

這句話，登時令楚國人無話可說，立即開啟城門，讓他堂堂皇皇地從大門進入。

晏子與楚王會見的時候，楚王也忍不住想戲弄他：「難道齊國沒有人才了嗎？居然派你這樣一個矮子來我國訪問！」

晏子一聽，不假思索地回答說：「齊國派人出使外國有自己的規矩，賢明的人去見賢明的國君，不賢明的使臣去拜見不賢明的國君，我在齊國算是最不賢的人了，所以齊王就派我到楚國出訪。」

楚王原本是要羞辱晏子的，未料卻被晏子狠狠地嘲諷了一頓。

從這兩則典故中，我們可以很清楚地知道，幽默不僅僅是「搞笑」的工具，它還是一把雙刃劍，既可以保護自己，也可以給對手留下足夠的面子；既可以用它來進行攻擊，又可以使它成爲彼此關係的黏著劑。

據說，張大千是也是一個善於用幽默化解嘲弄的典型。

有一次，他與友人相聚，因他留有很長的鬍子，所以他的鬍鬚很快成為友人們談論和嘲弄的對象。

有一天，張大千和朋友們聚會時，靜靜地聆聽客人們的對話，等他們講完了，他便就開始發言，說了一個三國時候的故事。

三國時候，關羽的兒子關興和張飛的兒子張苞，追隨劉備率軍討伐吳國，因為報仇心切的他們，都想爭當先鋒，這使劉備相當為難。

沒辦法，他只好出題說：「你們比一比，說說你們的父親先前的功績，誰的父親功勞大就由誰當先鋒。」

張苞一聽，不假思索地說：「我父親當年三戰呂布，喝斷壩橋，夜戰馬超，鞭打督郵，義釋嚴顏。」

輪到關興的時候，他心裡一急，又加上有些口吃，半天才說出一句來：「我父親有五尺長髯……」

然後，就再也說不下去了。

沒想到就在這個時候，關公顯靈了，他站立在雲端上，聽了兒子這句話，氣得鳳眼圓睜，大聲罵道：「這個不肖之子，老子生前過五關斬六將你不講，卻在老子的鬍子上做文章。」

張大師說完，在場人士莫不俯仰大笑起來。

張大千就是這樣巧妙地套用了關羽鬍子的幽默故事，不但使自己從眾人戲弄的位置解脫，而且也順帶地給予反擊，從而產生了一箭雙雕的效果，這就是將幽默當成一把雙刃劍的故事。

其實，幽默的這種「雙刃劍」功能，還表現在古今中外的論辯藝術中。

在春秋戰國時期尤為明顯，不論是縱橫家或是外交使節，往往獲勝的關鍵在於論辯的高明與否。

在戰國時期，晏子以口才善辯而聞名於諸侯各國。

有一次，晏子代表齊王來楚國洽辦公事，楚王和臣子們私下商量一個計劃想試試晏子的能耐。

晏子來到楚國之後，上朝面見楚國國王，正在會談的過程中，有一個大臣來報告說，士兵們抓到一個行竊的齊國盜賊。

這時候，楚王轉過身來，笑著對晏子說：「怎麼齊國人這麼喜歡盜竊，齊國人是否全都這樣呢？」

晏子識破是楚王搞的鬼，很快就反應過來，對楚王說：「我聽人說，橘子樹要是長在淮河以北的地方就結橘子，而如果長在淮河以南則結枳子，這是什麼原因造成的呢？是南北水土的差異所造成的。齊國人其實一點也不習慣偷盜，他們在齊國並不偷，可一到了你們的楚國就變得喜歡扒竊了。這是什麼原因？當然再次又說明了，地方水土的差異。楚國人習慣於偷竊，所以齊國人到了楚國也就變成了小偷，您說是不是呢？」

楚王聽了之後，哈哈大笑地對晏子說：「沒想到本王沒戲弄到你，反而成了自討沒趣。」

極善於在論辯中維護自己的論點和看法的晏子，正是一個懂得利用幽默駁斥對方言論，反擊對手的高手。

拿捏好幽默的尺度

幽默比較難於掌握的是精髓實質，弄得不好就會和東施效顰一樣。作為領導者，必須對此應清晰地瞭解，並學會把握好幽默的尺度。

幽默威力無窮，可以化腐朽爲神奇，可以使整個世界亮麗起來，就像支無形的火把，會照亮你的一生，這也就說明了我們學習幽默技巧和藝術的必要性。

如果我們把幽默視爲一種藝術來看待，那麼它就具有其自身特有的內部規律和特性，我們在學習和掌握這門藝術的時候，就一定要遵循這種內在的特性和規律，這樣才有可能找到適合的途徑。

成語中有句「東施效顰」，說的是春秋的時候，越國有一個美麗的女子叫西施，因爲心絞痛的毛病，經常會捂著心口，這個小小的動作因爲她人生得漂亮，所以大家連她疼痛時候的樣子也覺得很可愛。

在同一條街上有個醜女，名叫東施，當她看見西施疼痛時的樣子，非常可愛動人，所以她也無病呻吟，經常捂住自己的胸口作痛苦狀。一樣的小動作，她卻引人作嘔，人們不但不覺得可愛，反而還覺得她更加醜陋。

這個典故，對我們學習幽默很有啓發意義。

幽默雖然在很大程度上具有娛樂和活躍氣氛的作用，但絕不能將它視爲單純的「搞笑」，這樣就會將幽默庸俗化與簡單化了。

幽默是一門藝術，是人類精神和情緒宣洩的一個重要渠道，也是人類靈魂的一個窗口，應高度重視它的內容，而不是它的形式。

大家爲什麼覺得東施的樣子醜陋，而西施卻讓人迷戀不已呢？

一方面是因爲東施是一個醜女，而西施則是一個美女，但另一方面本質的原因則是，西施的表情是其感情和內心感受的自然流露，具有形式與內容的統一性，她用了恰當的形式表達了本身的內容，因而就具有了一種眞實而自然的美感。

然而，東施卻是無病呻吟，故作病態，是形式與內容的分離，她只模仿了西施的外在表情，卻無法獲得西施那種眞實的內容和眞實感受，因而她的「美」是裝出來的，是虛假的。

所以，幽默比較難於掌握的是精髓實質，弄得不好就會和東施效顰一樣。必須對此清晰地瞭解，並學會把握好幽默的尺度。

如果說，幽默不能爲人釀出歡娛，卻給人怨憤、痛苦，這就讓人遺憾了，因爲，幽默有時會成爲間接的攻擊方式，所以不要濫用譏諷，特別是直接譏諷。

一般來說，當你在運用幽默的時候，要先看清在場有哪些人，這些人的背景如何，從而避開一些敏感的話題和不該在這種場合說的話。

比如說，對職業的蔑視很致命，你嘲笑對方本來就不滿意的職業，無疑是嘲弄對方的才能與人品，因而隨意玩笑的結果反而造成了彼此的隔閡。

曾經有位內向的女大學生，在找工作時被迫改變了初衷，而當了一家賓館裡的公關小姐，但是，她其實很討厭成天在客人面前說笑周旋。

有一次，當她出席同學聚會時，她最親密的女友迎過來說：「哇，好漂亮！全體起立，向我們的賣笑女郎致敬。」

聽到這一句話，相信在你心中，也和女孩一樣有著相同的感受，這句話讓原本春風滿面的女孩，頓時如遭雷擊，傷心地轉身離去。

由此我們可以看出，幽默特別強調本身的「真實性」，一方面要有感而發，另一方面也絕不能「表錯了情」。

互換角色，打破僵持局面

出現演講者與聽眾「僵持」的情況時，往往是雙方都覺得對方的言行不恰當，這時如果把彼此角色「互換」，就很可能輕鬆地打破僵局。

一九五六年，在前蘇聯共產黨第二十次代表大會上，赫魯雪夫做了「秘密報告」，揭露並批評史達林施政的一系列錯誤，引起前蘇聯人及全世界各國的熱烈反響，大家議論紛紛。

由於赫魯雪夫曾經是史達林非常信任和器重的人，所以他這番「報告」使很多前蘇聯人懷疑：「既然你早就知道史達林的錯誤，那你為什麼之前從來沒有提出過不同的意見？你當時在做什麼？你有沒有參與這些錯誤行動？」

後來，有一次在黨代表大會上，赫魯雪夫再次批判史達林的錯誤。這時，有人從聽眾席上遞來一張紙條。

赫魯雪夫打開一看，上面寫著：「那時候你在哪裡？」

這是一個非常尖銳的問題，赫魯雪夫臉上的表情顯得很難堪。他很難回答這個問題，但他又不能回避這個問題，更無法隱藏這張紙條，這會使他失去威信，讓人覺得他沒有勇氣面對現實。

他也知道，許多人心中懷有同樣的疑問，更何況此時台下有千雙眼睛盯著他手裡的那張紙，等著他唸出來。

赫魯雪夫沉思片刻，拿起紙條，透過擴音器大聲唸了一遍紙條上的內容。然後望著台下，大聲喊道：「這張紙條是誰寫的？請你馬上從座位上站起來，走上台！」

當時沒有人站起來，所有人的心跳得非常快，不知赫魯雪夫要做什麼。寫紙條的人更是忐忑不安，心裡非常後悔剛才衝動的舉動，想著一旦自己被查出來後得面對怎麼樣的結局。

赫魯雪夫又重複一遍他說的話，請寫紙條的人站出來。

全場仍舊一片死寂，大家都等著赫魯雪夫發怒。但幾分鐘過去了，赫魯雪夫卻平靜地說：「好吧，我告訴你，我當時就坐在你現在坐的那個地方。」

面對著台下聽衆提出的尖銳問題，赫魯雪夫不能不講眞話，但是，如果他直接承認「當時我沒有膽量批評史達林」，勢必會大大傷害自己的形象，也不合一個權威性領導人的身份。

於是，赫魯雪夫巧妙地即席創造出一個場面，藉這個衆人皆知其含義的場景來婉轉、含蓄地暗示自己的答案。這種回答既不損自己的威望，也不讓聽衆覺得他文過飾非，不肯承認錯誤。

同時，赫魯雪夫創造的這個場景，還讓所有在場者感到他是個幽默風趣、平易近人的領導者。

由赫魯雪夫的例子可知，在演說過程中，出現演講者與聽衆「僵持不下」的情況時，往往是雙方都覺得對方的言行不恰當，這時，如果採取退一步思考問題的策略，把彼此角色「互換」一下，就很可能輕鬆地打破僵局。

小心使用，使幽默真正發揮效用

這個世上本來就有很多不幸的人，一生下來就背負許多不利條件。因而，凡是有憐憫之心的人，都不應該以別人天生的缺陷為話題。

有幽默感的人一般都心懷善意，他們想做的只不過是多爲人增加一些快樂而已。但無論如何，幽默也有傷人的可能，兩者之間的界限頗爲耐人尋味。

開玩笑和詼諧都有傷人的危險性，因而使用時要小心翼翼，不能踏錯一步，否則一步走錯全盤皆輸，將會得不償失。

要是眞的說了過分傷人的話，一定要誠心誠意地道歉，不能夠就此放任不管。相反的，當自己被開了過分的玩笑時，一定要當做對方只是開玩笑而已，並沒有惡意，如此一來，對方也會不好意思再延續話題。

開玩笑的「規則」主要有以下五項：

•注意格調：玩笑應該有利於身心健康，增進團結，摒棄低級庸俗。

•留心場合：按照一般習慣，正式場合中不宜開玩笑。當彼此不十分熟悉或有陌生人在場時，也不宜開玩笑。

•講究方式：這是指要看對象開玩笑，對性格開朗、喜歡說笑的人，多開些玩笑無妨；對性格內向、少言寡語的人，不要開太過分的玩笑。

•掌握分寸：「凡事有度，適度則益，過度則損」，開玩笑時也如此。

•避人忌諱：忌諱是指因風俗習慣或個人生理缺陷等，對某些事或舉動有所忌諱。幾乎每個人或多或少都有自己的忌諱，開玩笑時一定要小心避開。

有極少數人專門利用幽默形式講刻薄話，既傷人又傷己，他們專門打擊別人的自尊心，總毫不在乎地攻擊對方「耿耿於懷」的事情。例如，有關別人的命運、他們生長的環境、他們雙親在社會上的地位或者他們的職業等等。

這個世上本來就有很多不幸的人，他們一生下來就背負許多不利的先天條件，更值得人同情的是，他們之所以變成那樣，並非自己心甘情願的。因而，凡是有憐憫之心的人，都不應該以別人天生的缺陷爲話題。

然而，還是有人苛薄地使用那些傷人言詞，當著別人的面說些極爲傷人的話，這是非常不人道的。

例如，有些管理者常常使用一些刻薄的言語，如「嫁不出去的老處女」、「白癡」、「爛貨」、「雜種」、「廢物」、「神經病」……等字眼。

這些字眼極爲傷人，是一些非人道的殘酷字眼。我們不妨設身處地想一想，如果自己被如此稱呼時，心裡將有什麼感覺呢？

明瞭這個道理後，就應把握開玩笑的尺度，別使幽默成爲傷人的武器。

04

初次見面的說話技巧

優雅的談吐就像整潔的儀表，
會使人覺得十分愉快。
因此，平日應該練習談話的技巧和優雅的舉止，
讓對方留下良好的印象。

有好口才，人生才會更精采

好口才是成功的敲門磚，可以為自己帶來意想不到的效果。有了好口才，才能有好人緣，才會有好人生！

活在現代社會，免不了需要溝通，需要交流，而人與人之間交流思想、溝通感情，最直接、最方便的途徑就是語言。

透過出色的語言表達，可以使熟識的人之間情誼更加深厚；可以使陌生的人彼此產生好感，結成友誼；可以使意見分歧的人互相理解，消除矛盾；可以使彼此怨恨的人化干戈爲玉帛，友好相處。

想要讓別人喜歡你，必須培養自己的談話能力，只有這樣，才能打開人與人之間溝通的大門。

在各種各樣的人際交往中，擁有好口才將會廣受歡迎，能輕鬆地與他人融洽相處，在社會中如魚得水。

好口才會帶給你好人緣！

美國人早在二十世紀四十年代就把「口才、金錢、原子彈」看做是在世界上生存和發展的三大法寶，到了六十年代以後，他們又把「口才、金錢、電腦」看成是最有力量的三大法寶。不論社會如何演變，「口才」一直獨冠三大法寶之首，足見其作用和價值。

如今的社會是個訊息大爆炸的社會，訊息的作用和影響越來越大。一項工作常常需要眾多人分工合作、許多訊息的收集和綜合才能完成，這當中，語言就是最普遍、最方便，也最直接的訊息傳遞方式。

語言能力強，雙方就能順利而準確地接受和理解訊息，也能順利地交流；語言能力弱，就不能很好地把訊息傳遞給對方，交流便會因此出現中斷，甚至終止，導致失敗。

因此，若想在社會上遊刃自如，不僅要有新的觀念、想法和見解，而且還要能在別人面前巧妙表達出來，才能讓對方欣然接受。

日常生活中我們會看到，有口才的人能把平平常常的話題講得引人入勝，嘴笨口拙的人即使講的內容很好，別人聽起來也會覺得索然無味。同樣的一個建議，懂得說話的人很容易就獲得別人接受，不懂得說話的人卻連訴說的對象都沒有。

這也就告訴我們，好口才是成功的敲門磚，可以為自己帶來意想不到的效果。有了好口才，才能有好人緣，才會有好人生！

如何留下良好的第一印象

優雅的談吐就像整潔的儀表，會使人覺得十分愉快。因此，平日應該練習談話的技巧和優雅的舉止，讓對方留下良好的印象。

人的第一印象，在人際溝通中，往往扮演著舉足輕重的作用。那麼，如何讓對方留下良好印象，快速拉近彼此的距離呢？

在會談之前，你首先要儘量搜集關於對方的各項資料，這樣在交談時，對方會因為你對他的專門知識有所瞭解，而對你產生好感，樂於與你談話。這麼做，同時也體現了你對對方的重視。

關於這點，美國前總統羅斯福可說是最佳範例。只要見過羅斯福的人，沒有不對他廣博的見聞佩服得五體投地的。一位拜訪過他的人曾說過：「無論來訪的是牛仔、勇敢的騎兵隊員，還是政治家、外交官，羅斯福都能找到適合對方身分的話題，讓彼此的談話十分愉快。」

為什麼羅斯福能做到和每個初次見面的人相談甚歡？原因很簡單，每當羅斯福接見來訪者之前，都會在前一天晚上查閱當事人的資料，以便會談時找到雙方都能有的共同話題。

一般人和別人初次見面的時候，都會覺得緊張、尷尬。但是，只要彼此能找到共同點，比如說同樣都是離鄉背井出外求職的人、同一所學校畢業、有共同認識的人……如此一來，雙方就會備感親切。

兩個不相識的人，一旦有了共同的話題，就很容易拉近彼此的距離，想和初次見面的人早些熟悉，彼此敞開心房交談，最好儘量找出彼此的共同點。

初次見面時，雙方的信任還未達到一定的程度，因此最好不要詢問太深入的話題，尤其是他人的隱私。如果貿然提出問題，很可能會造成對方的尷尬，形成交談的障礙。

所以，與人初次交談時，應該儘量避免談及自己不清楚的事，以免侵犯他人隱私，同時也不要談論敏感議題，免得引起對方不悅。

想要透過言談與對方建立信賴關係，有許多方法可以幫助你，其中最基本的原則是，不要隨意打斷他人說話。

有位資深心理輔導老師，總是能與初次見面的學生在短短一小時內，建立起良好關係，讓對方說出眞心話。他的秘訣就是：不要打斷對方說的話。

有些人比較急性子，一聽見某些意見，或是想到什麼，就馬上脫口而出，打斷他人的談話，這很容易引起對方不悅。因此，如果你希望給予他人良好的印象，應該避免犯這種錯誤。

有個大學生，每次聽課時，總會習慣性地把手交疊抱胸。有一次，來了一位代課教授。從上課開始，教授就一直注意著他，使他覺得十分不安。

下課時，教授走到他面前說：「這位同學，你是否對我的教法有所質疑？」

他很驚訝地問：「沒這回事，教授爲何說這種話呢？」

原來問題出在他抱胸的姿勢，因爲在行爲心理學裡，抱胸代表「拒絕」的意思，才會引起這個誤會。從此以後，在聽他人說話時，這位大學生都會提醒自己別再犯這種嚴重的錯誤。

一般人只知道和長輩、上司談話時，抱胸翹腿是無禮的行爲，其實即使是與朋友、同事交談，也應避免這種不禮貌的姿勢。尤其是對初次見面的人，這種姿勢的出現，會使對方認爲你不願與他做進一步溝通，甚至認爲你態度傲慢而對你產生不良印象。

和人談話時，找出共同的話題，比如喜歡的運動、旅行或是文藝愛好……等等能引起共鳴的話題，可以有效縮短彼此之間的疏離感。

但是，關於宗教、政治、意識型態等敏感問題，除非是很親密的友人，否則最好避免談論這些話題，以免產生對立的現象。

另外，關於學歷、家世等方面的問題也應該避免。談論對方的學歷、家世等個人背景問題，或多或少都會帶有「評價」的感覺，如果對方很在意自己，這種談論將會刺傷對方的自尊心，使他覺得不自在或受到傷害。

也許你畢業於一流學府，擁有足以自傲的學歷、經歷，讓你能夠侃侃而談，但是在人群中談話，或與他人初次見面時，仍應該儘量避免談論對方學歷。假如你已經脫口而出，也要仔細觀察對方的反應，對方若面有難色，不願多談，就必須趕緊轉移話題，避免讓對方覺得不受尊重。

優雅的談吐就像整潔的儀表，會使人覺得十分愉快，對自己留下良好印象。如果你能嫻熟運用高尚文雅的辭令，即使偶爾開個玩笑，說些俏皮話，對方仍舊能夠感受到你內在的涵養氣質，而樂於與你交談。

相反的，如果你行爲舉止粗魯，滿口粗話，無疑會讓對方認爲你是個粗鄙的人，覺得和你談話是件辛苦的事，甚至浪費時間。

因此，平日應該練習談話的技巧和優雅的舉止，讓對方樂於與你交談。

怎麼才能和陌生人一見如故

與素昧平生者交流，應避免傲慢與偏見，尤其在初見面時，定要全神貫注地傾聽對方的談話，這樣才能達到一見如故的目的。

在十倍速變化的世界，人際交往十分頻繁，參觀訪問、調查考察、觀光旅遊、應酬赴宴、交涉商洽……善於跟素昧平生的人打交道，掌握「一見如故」的訣竅，不僅是一件快樂的事，而且對工作和學習也大有裨益。

那麼，如何才能做到「一見如故」呢？

首先，要從自我介紹入手。

所謂自我介紹，是指在社交場合中向他人介紹自己的過程。這是推銷自己的形象和價值的一種方法，成功與否，常常決定著深層次的人際交流是否能夠實現。

既然是推銷自己，就不能簡單地認爲自我介紹就是自報姓名。在某種意義上，自我介紹是一種學問和藝術，有許多必要的技巧和尺度需要掌握。

・說好「我」字

在自我介紹時，少不了說「我」，如何說好這個字，關係到別人對你產生什麼樣的印象。

有的人自我介紹時，左一個「我」怎樣怎樣，右一個「我」如何如何，聽眾滿耳塞的都是「我」字，不反感才怪！還有的人把「我」字說得特別重，而且刻意拖長，彷彿要透過強調「我」來樹立自己的高大形象。

更糟糕的是，有的人說「我」時得意揚揚，咄咄逼人，不可一世。這種人的自我介紹不過是炫耀自己，只能給人留下驕傲自大的印象。

要給人留下良好的印象，就要在合適的時候謙和地說出「我」字，目光親切，神態自然，這樣才能使人從這個「我」字裡，感受到一個自信而有禮的美好形象。

・獨闢蹊徑

一般人自我介紹時，往往先報姓名，然後說明自己的職業、學歷、特長或興趣等等。這樣不免千篇一律，給人印象平平。

自我介紹時應從獨特的角度，選擇使對方感到有意義的內容，採用生動活潑的語言把自己「推銷」給別人。有些人喜歡借助別人威望給自己貼金，或者靠「吹噓」來取悅對方。

這樣的人介紹自己時常說：「某某市長，是我的老朋友……」「你知道著名的某某專家嗎？我們曾住在同一棟宿舍裡……」「我對某某問題很有研究，昨天才收到了某某雜誌的約稿……」等等。這樣的自我介紹，也許能給人深刻的印象，但同時也會產生不良觀感。

・詳略得當

某些特定情況下，自我介紹的內容需要較全面、詳盡，不僅要講清姓名、身分、目的、要求，還要介紹自己的學歷、資歷、性格、專長、經驗、能力和興趣等等。為了取得對方的信任，有時，還得講一些具體事例。比如，求職應聘時，就要做到這一點。

另外，在某些情境，自我介紹有時不需要面面俱到，將姓名、愛好、年齡、性格等一股腦兒和盤托出。

這時，在自我介紹時運用「以點代面」、「抓住重要一點」的方法，反而能收到意外效果。

• 巧妙注釋自己的姓名

自我介紹時，為了使對方準確聽清自己的名字，往往要對「姓」和「名」加以注釋，注釋得越巧妙，給人的印象就越深刻。

對姓名的注釋，不僅可以反映一個人的知識水準、性格修養，更能體現出一個人的口才。

一個人的姓名自然不會沒有意義，往往存有豐富的意涵，或反映時代的樂章，或寄寓雙親對子女的殷切厚望。因此，巧妙地介紹自己的姓名能令人對你印象深刻。

當然，說好第一句話，僅僅是良好的開始。要談得有趣，談得投機，談得對方願意和你交往，還要注意交流的態度。

有人在交談時左顧右盼、目光游移，心不在焉，或只顧著談論自己感興趣的話題，高談闊論漫無邊際，也有人十分拘束，不知適時回應，讓對方唱獨角戲，結果往往不歡而散。

所以，與初次見面的人交流時，應避免傲慢與偏見，尤其在最初見面的幾分鐘裡，一定要心平氣和，全神貫注，不失禮節地傾聽。只有這樣，才能讓雙方的交流持續下去。

資訊封閉會讓自己言談無趣

一個胸無點墨的人，當然不能希望他在談話中能應對自如。學問是一個利器，有了這個利器，許多問題都可迎刃而解。

不少人都有這樣的苦惱，想和對方談上十分鐘而又讓他感興趣，眞是不容易。許多人因爲不瞭解對方的情況而有一搭沒一搭地交談，這無疑是很痛苦的事。其實，如果肯下工夫，就可以避免這種不幸的情形，甚至還可以做個不錯的交際家。

「沒知識也要有常識，沒常識也要常看電視，沒電視也要常逛網路。」雖然這是一句俏皮話，但活在網路時代，一定要透過一切途徑來學習，充實自己。

你是不是認爲自己和國家大事、社會人群息息相關？是不是不安於做一個井底之蛙？是不是對身外事都非常關心？如果這些問題的答案是肯定的，說明你是一個善於思考、觀察敏銳、遇事認真、熱情高漲的人，那你就和「好口才」相距不遠了。即使你現在還不大會說話，但已經具備了自在交談的本錢。

一間美容院生意相當興隆，在當地首屈一指。有人好奇問老闆發達的理由，他坦言，那是由於他的美容師在工作時善於和顧客攀談。

但工作人員要如何才能善於攀談呢？容易得很，老闆說，他每個月把各種報紙雜誌都買了回來，規定每個職員在每天早上沒上班之前一定要閱讀，當做日常功課一樣。如此一來，他們自然就獲得了最新鮮的談話資料，可以輕而易舉地博取顧客的歡心。

一個資訊封閉的人，當然不能在談話中能應對自如。學習是一項利器，多看多聽多談，許多問題都可迎刃而解。

你雖不能對各種學問都有精湛的研究，至少一般常識卻是必須具備的。有了一般的常識，倘若能巧妙地運用，那麼，進行十分鐘有興趣的談話，就不是難題了。

因此，你必須多讀多看，把這些資訊化作自己的談資。世局動向、國內情形、科學新發展，世界各地的風土人情，以及藝術新作、時髦服飾、電影戲劇作品的內容等等，都可以從報章雜誌、電視、網路中獲得。

誰都不想和言語乏味的人交談，資訊封閉只會使自己言談無趣。最好把有意思的新聞和好文章收集起來，每天只要兩三條，兩三個星期之後就會記得不少有趣的事情了。

閱讀時，還可以將那些有意義的語句做標記。開始時不要貪多，堅持不懈，兩三個月之後，你的思想就會比以前豐富得多。

此外，聽別人說話時，隨時都可以碰到充滿智慧的語句或生動有趣諺語。把這些記在心中，寫在記事本上，日積月累，你談話的題材就會越來越豐富。當你談話時，便可以用自己的話語加以發揮。

久而久之，你的口才就越來越純熟了，無論說什麼都有條有理。

做個稱職的傾聽者

無論他人說什麼，你都不可隨便糾正他的錯誤，如果因此而引起對方的反感，那你就不可能成為一個良好的聽眾了。

如果你常常爲了如何開口說話感到苦惱，那麼就有必要學點說話術。想研究談話術的訣竅，首先，要學會做一個有耐心的聽衆。

有些話題本來可以談得很好，但總是缺少表達的勇氣，這或許是因爲你把自己和口才優秀的人相比而產生自卑心理。

其實，沒什麼好自卑的，口才都是訓練出來的，不妨先認眞當個耐心的聽衆，注意別人在談論什麼以及怎樣說的，比較每個發言者的成功和失敗，分析其中的原因。

再來試著提問，儘量把別人吸引到自己的問題上來，分析別人的發言。再接下來，嘗試發表某種意見，注意別人的看法，和自己的看法進行比較。

經過這些步驟後，你就可以敞開心胸和別人交流談論了，你一定會對自己的進步感到驕傲。

怎樣做一個好聽衆呢？

首先，態度要「專誠」。

別人和你談話時，你的眼睛要注視著對方，無論對方地位高低，你都必須專心聆聽。只有虛浮、缺乏勇氣或態度傲慢的人才不會正視別人。

其次，要留意對方的談話內容。別人和你說話時，如果你分心做一些與此無關的事情，這是不尊敬人的表示，而且當他偶然問你一些問題，你就會因爲沒有留心聽他說話而無從回答。

聆聽別人說話時，偶爾要插上一兩句贊同的話，不完全明白時，適當地問一句也非常必要，因為這正表示你對他的話留心。

但是，不可以把發言的機會搶過來，就滔滔不絕地說自己的觀點和意見，除非對方的話語已告一段落，應該讓你說話時，才可以說。

最重要的一點，無論他人說什麼，都不可隨便糾正他的錯誤，如果因此而引起對方的反感，那你就不可能成為一個稱職的聽眾了。批評或提出不同意見，也要講究時機和態度，否則只會妨礙彼此日後的交流。

輕鬆的話題可以拉近彼此距離

刻意奉承、諂媚的話，聽起來或許令人飄飄然，但是卻浮華不實，反而給人誇張、不切實際的感覺，無法打從心底去接受。

有位朋友十分善於與人交談，即使面對初次見面，或不善言詞的人，也能聊得十分愉快、輕鬆。

這是因爲他對於身邊事物，以及交談對象，都會仔細觀察，遇到不知道該說什麼時，就會誇獎說：「你的領帶很特別呢！」「這髮型眞適合你！」如此一來，就可以誘引對方說話，免除無話可說的尷尬場面。

初次的會談往往會因爲談話主題結束，或是因爲話不投機而使談話突然中斷，這時你可以利用身邊的事物爲話題，讓談話得以持續下去。

其實，話題是很容易發掘的，例如：「你家小狗好聰明喔！」「這地方的裝飾眞別致！」

只要多用心觀察，身邊的一草一木都可以成爲話題素材，這些話題不但輕鬆自然，還可以拉近你與對方的距離，增進親切感。

與他人交談時，不妨想想上述的例子，不要讓對方覺得索然無味，有對著機器說話的感受。想避免無話可說的尷尬場面，並不需要高深的說話技巧，只要多談談身邊的事物。

此外，在行爲反應上稍加留意，讓對方感受到親切感。

比方說，以眼睛直視對方，並在適當的時機輕輕點頭或微笑表示贊同；或者交談時稍微傾身向前，表示你十分關注對方所說的話。只要稍微注意這些細微的動作，就能使對方興致盎然地和你繼續談話。

還需注意的是，與尚未熟識的人說話時，最好選擇較爲輕鬆愉快的話題，儘量不要提及個人過去不愉快的經驗，以免讓對方覺得沉悶、無聊。

拿破崙是一位非常厭惡虛偽奉承的人，有一次在聚會中，來賓大多是諂媚逢迎的人，見到拿破崙就笑嘻嘻地迎上前來，一開口就是恭維的話：「將軍真是武功非凡！」「你對國家貢獻十分偉大，如果沒有你，我們如何能享受如此豐富的盛宴呢？」

這些話令拿破崙聽得十分不舒服。

這時，正好有位客人走過來敬酒，說道：「將軍，你最討厭逢迎巴結的話，今天這個聚會一定使你很難受吧！」

拿破崙十分驚訝，頓了一會兒便對這位客人微笑，然後表示內心無奈地搖搖頭。

顯然這位客人發自眞心的一句體恤話，遠比十句、二十句刻意恭維的話，更能得到拿破崙的認同。

刻意奉承、諂媚的話，聽起來或許令人飄飄然，但是卻浮華不實，因爲這種話往往不是出自內心的眞誠，反而給人誇張、不切實際的感覺，無法打從心底接受。

比方說，你有一套穿起來顯得老氣的衣服，你並不喜歡，但是因爲某些原因，不得不穿上它，如果別人對你說：「你今天眞帥氣，這衣服眞適合你。」相信你聽了之後，心裡一定很不是滋味。

此外，談話結束，要向對方告別時，如果能帶著「期待再見」的語氣和態度，往往會使對方在離別之後，特別想念你，希望能有機會再和你見面。

運用敏銳的洞察力

每個人所感興趣的話題都不同，但都離不開生活，所以在平常生活中，應該保持敏銳的觀察力，搜集豐富的談話材料面對不同的人。

和不同的人談話，需要不同的話題。如果你對終日爲三餐奔波的人大談國外風光，很可能會遭人白眼，因爲他們連溫飽都成問題了，哪還有心情和你討論旅遊見聞？相對的，如果你和他談「致富之道」，他一定會很感興趣，成爲你的好聽衆。

因此，在與他人談話前，應該先瞭解對方感興趣的話題是什麼，這就需要仔細觀察，找出雙方都感興趣的話題。

家庭主婦通常見面談的話題是物價如何、孩子如何、家庭的瑣事等等，而商人談的話題很可能是經濟問題或是交際應酬的趣事。

每個層面的人感興趣的話題都不同，但都離不開生活，所以在平常的生活中，應該保持敏銳的觀察力，搜集豐富的談話材料，方能面對不同的人。

某次家庭聚會上，有人提起一位偶像明星，並且向朋友詢問這位偶像的情形。朋友打趣地說：「你都是『坐四望五』的人了，怎麼會對年輕的小女孩如此關切呢？」

那人急忙回答說：「別取笑我了！她是我小兒子崇拜的偶像。前幾天聽他提起，我隨口問了一句『她是誰』，我兒子竟然說我落伍了，所以才問你知不知道這位明星偶像，瞭解一下狀況。」

「流行」是最普遍的話題，也是現代人生活中的一種指標。當紅的明星、流行的服飾、流行語等等都可能是熱門的話題，如果家長要和子女聊天，一定得知道現今有哪些受歡迎的歌星，哪些流行歌曲。同樣的，辦公室中或各種聚會中，流行的趨勢或是熱門新聞也可能是吸引人的話題。

當然，每個人對「流行」的接受程度不同，有些人對於新的、不熟悉的事物很容易產生排斥感，因此培養開闊的觀念也是擴大生活話題的條件之一。

人常常會有「先入爲主」的觀念，對於自己不熟悉或看不慣的事情產生牴觸心理。比如父母對於年輕人出入ＰＵＢ、舞廳等場合，常常十分反感，認爲那是不良的休閒娛樂。比較年長的人對於現代社會生活方式也可能頗有微詞。這種「拒絕接受」的心態很可能妨礙你吸收新的知識和失去體驗的機會。

培養開放的觀念，有助於與他人愉悅地交談。許多人說話就是爲了表示自己的意見，能獲得他人的共鳴，如果你一直反駁對方的意見，將使對方失去和你交談的興致。

當然，開放的觀念並非意味著完全拋棄自我的價值觀，毫無選擇地接受所有訊息，而是不要墨守成規，一味排斥新的訊息，放開心胸去接觸更多事情，充實談話內容。

此外，收集一些有趣的話題，以及對方的個人情報，也都有助於談話順利進行。所謂「知己知彼」，對於交談對象有所瞭解，將使你充分掌握對方有興趣的話題，並維持說話過程的熱絡。

與初識的人如何交談、談什麼話題，可以從自我介紹中獲得訊息。

以下是一小段的示範：

「各位朋友，大家好，我姓謝名叫孟達，很高興有機會和大家齊聚一堂。我剛從高雄北上，對於這個環境不是很熟悉，希望以後大家多多幫忙。」

從這段自我介紹中，你可以得到哪些訊息作爲接下來的話題呢？

一、「我剛從高雄北上」，這句話提供了對方熟悉的環境，你可以以「高雄」作爲話題的開端，請他說一說高雄有哪些好玩、好吃的等等。

二、「對於這個環境不是很熟悉」，你可以用「介紹新環境」爲開端，從彼此更進一步的交談中得到更多的話題。

選擇談「與對方相關」或是「對方想瞭解的事物」，是使話題得以延續的最佳方法。

使用平實通俗的語言

想要讓自己說話平實又具有說服力，平日就要多加練習才行，這樣才不會走進使用平實語言的誤區。

語言的魅力在於它是人與人之間交流思想的工具，能讓兩個不同的個體之間達到交流的目的。

說話要有魅力，要有說服力，就必須使用最平實的語言。大部分的人都不喜歡華麗或誇飾的辭藻，實事求是、簡潔明瞭地敘說事實，剖析事理，反而能得到人家的肯定。

交談之時，儘量減少華而不實的用語，過度使用形容詞，大量堆砌辭藻，會讓人有賣弄、浮誇的感覺，有時還會讓人感到虛假、不眞誠。

「誠」是與人交往、說話時運用的基準，一旦缺乏誠意，你說的話就很難讓人信服，你抱持的目的就無法實現。

但是，「平實」並不意味著單調、呆板，也不是要你忽略表達上的生動和活潑。恰恰相反，以「平實」爲基準的語言，更需要注入生動活潑的養料，增強語言表達的效果。平實的概念是更接近生活，更接近你的交談對象，更接近本身的風格。

構成生動活潑的手段和方法很多，講究的是角度、觀點、表達方式的多樣性，而不是憑藉語言的繁縟、華麗和咬文嚼字來達到的。

因此，想要讓自己說話平實又具有說服力，平日就要多加練習才行，這樣才不會走進使用平實語言的誤區，一開口就讓人覺得你是一個沒內涵、沒知識的人。

05

與人交往的説話技巧

需要注意的是，恭維也要拿捏有度。
令人感到見外的恭維話，
不僅會在無意中將彼此的距離拉開，
更有防範他人侵犯的意味。

摸透人心再開口

說服之前，必須了解對方。付出的心力越大，設想越周密，話就能說得越好，成功的機率自然更高。

與人交流溝通過程中，免不了會碰上意見分歧的時候，這就是對雙方說服能力高低的最大考驗。

說服之前，需要先花費相當的精力去熟悉和了解對方，盡可能將相關資訊收集完備，精心選擇適合的說服場所，仔細尋找最合宜的時機，擬定最可能被接受的說服方法。

準備階段的工作成效，會直接關係到說服的效果。

在準備階段，主要應做好以下幾項工作：

●掌握資訊

要說服一個人，首先需要弄清楚他究竟在想些什麼，他苦惱的原因是什麼，他的認知層次水準大概在什麼樣的程度。

只有先掌握說服對象的想法，才能觸及他們的內心，達到目的。

說服者應妥善運用平時觀察分析累積的經驗，透過調查、走訪、察言觀色，掌握第一手材料，一舉解決問題。只要思想資訊的傳遞管道保持暢通，必定能夠理解對方的想法。

但在深入細緻的了解過程中，不能排除獲得的材料屬於道聽塗說的可能，所以不可完全被獲得的資訊所左右，而要輔以多方面驗證分析，從眾說紛紜中，做出最符合實際的歸納判斷。

●摸清情況

希望自己說出的話達到效果，必須了解聽話者，摸清他的思想素質、文化素養、性格氣質、社會關係和生平經歷。

一個人的思想情緒不是憑空產生的，除了一定的客觀原因推波助瀾，還與本人的素質、經歷乃至所處的環境有直接關係。

爲什麼同樣一件事，在某個人身上不產生任何反應，換到另一個人身上，卻成了天大的問題呢？

一言以蔽之，完全是由人與人之間的差異性所造成。

明白了這個道理，就能理解「全面掌握説服對象」的重要。

1.思想素質方面，主要應摸清對方屬於哪個層次。

2.文化素養方面，主要應知道對方的教育程度。

3.性格氣質方面，應了解平時的脾氣和性格屬於何種類型。

4.社會關係方面，應了解相關的家庭人員構成情況。

5.生平經歷方面，應弄清楚影響重大的事件。

6.經濟方面，應儘量設法獲取與個人收入、家庭經濟來源、生活水準相關的確實資訊。

•抓住焦點

把握住與說服對象之間的意見分歧點，才能達到「有的放矢」，讓雙方的思想相碰撞並迸出火花。準確抓住焦點，你的思想觀點才能融入對方的思想觀點，從而如願進行深化或者改造。

•設想對策

說服，不可能完全按照自己預先設計的思路，一帆風順地向前發展，多會由於種種原因導致梗阻出現。

所以，說服之前既要充滿信心，又不可盲目樂觀。

為了順利地達到說服目的，必須在行動展開之前，自我設計幾種假設的障礙及破除對策，演練至熟悉為止。

•確定方法

上述情況的了解，是確定整個說服工作採用何種方案的依據。

確定說服方法，既要考慮到對方的心理特點和承受能力，又要考慮自己對不同說服方法的駕馭能力，找出最適宜者。

大體上，確定以某種方法為主的同時，還要多準備幾種方案，萬一情況突變，就立即調整。行動之前，需要花費相當大的精力去熟悉和了解對方，這是不可免的。付出的心力越大，設想越周密，話就能說得越好，成功的機率自然更高。

讚揚就是最有效的力量

有時候說幾句貶抑自己而讚揚對方的話，會降低對方的敵意怒氣，這種方法若善加巧妙運用，一定能收到不錯的效果。

與地位比自己高的人談話，一言不當，就可能觸怒對方，輕者遭受一頓批評，重者引發不堪設想的後果。

一九〇九年，風度優雅的布洛親王擔任德國總理大臣，而德國皇帝威廉二世則傲慢而自大，建立了一支陸軍和海軍，不時誇口要征服全世界。

他宣稱建立一支海軍對抗日本的威脅，說他挽救了英國，使英國免於臣服蘇俄和法國……等等。

更為糟糕的是，這位德國皇帝竟然公開這些狂妄、荒謬的話，同時還允許倫敦的《每日電訊報》刊登他所說的話。這些話震撼了整個歐洲大陸，引起了全世界各地一連串的撻伐風潮。

在這種狼狽的情況下，威廉二世自己也慌張了，並向身為帝國總理大臣的布洛親王建議，由他來承擔一切責難，希望布洛親王宣佈這全是他的責任，是他建議君王說出這些令人難以相信的話。

「但是，陛下，」布洛親王說：「這對我來說，幾乎不可能。全德國和英國，沒有人會相信我有能力建議陛下說出這些話。」

布洛話一說出口，就明白犯了大錯，威廉二世大為惱火。「你認為我是一個蠢人，只會做些你自己不會犯的錯事！」

布洛頗為懊悔，知道應該先恭維幾句，然後再提出批評，但已經太遲了，只好採取亡羊補牢的方法，即在批評之後，再予稱讚。

「我絕沒有這種意思。」他尊敬地回答：「陛下在許多方面皆勝我許多，而且最重要的是自然科學方面。在陛下解釋晴雨計，或是無線電報，或是倫琴射線的時候，我經常是注意傾聽，內心十分佩服，並覺得十分慚愧。我對自然科學茫然無知，對物理學或化學毫無概念，甚至連解釋最簡單的自然現象的能力也沒有。」布洛親王繼續說：「為了補償這方面的缺點，我學習某些歷史知識，以及一些可能在政治上，特別是外交上有幫助的學識。」

威廉二世聽到布洛親王讚揚他，並表現得謙卑，臉上露出了微笑。

「我不是經常告訴你，」他熱誠地宣稱，「我們兩人互補長短，就可聞名於世嗎？我們應該團結在一起！」

他和布洛親王握手後，十分激動地握緊雙拳說：「如果任何人對我說布洛親王的壞話，我就一拳頭打在他的鼻子上。」

幾句貶抑自己而讚揚對方的話，使得傲慢孤僻的德國皇帝不再怒氣沖沖，還把布洛親王當成知己。

布洛親王直言不諱的話語，讓傲慢孤僻的皇帝大爲惱火，以爲布洛親王看輕自己。還好，聰明的布洛親王立刻意識到自己的失誤，以尊敬的語氣讚美皇帝在自然科學方面的許多優點，再誠懇地表示自己確實不如皇帝。

語氣和緩有度，既恭維了對方，掩飾了第一句話的失誤，又表明了自己謙卑的態度，終於使僵硬的氣氛緩和，敵對的態度變為友好。

從這個例子可以得知，有時候說幾句貶抑自己而讚揚對方的話，會降低對方的敵意怒氣，這種方法若善加巧妙運用，一定能收到不錯的效果。

幽默的言語讓你更具魅力

想培養幽默感，一定要保持愉快的心情。要讓自己成為一個幽默的人，同樣需要掌握一定的方法技巧。

幽默的言詞往往是人際交往中最佳的潤滑劑，能平息對方的怒氣，讓對方迅速轉怒爲喜。

英王喬治三世有一次到鄉下打獵，中午感覺肚子有些餓，就到附近的一家小飯店點了兩個雞蛋充饑。

吃完雞蛋，老闆拿來帳單。喬治三世瞄了一眼僕役接過來的帳單，憤怒地說：「兩個雞蛋要兩英鎊！雞蛋在你們這裡一定是非常稀有吧？」

老闆畢恭畢敬地回答：「不，陛下，雞蛋在這裡並不稀有，國王才稀有。雞蛋的價格必然要和你的身分相稱才行。」

喬治三世聽完不由哈哈大笑，爽快地讓僕役付帳。

老闆幽默的言詞不僅沒有激怒英王，反而獲得不小的收入，由此不難看出幽默具有神奇的力量。

一項非正式的調查報告顯示，大多數女性在選擇伴侶時都會考慮男士的「幽默度」，可見幽默的人不論走到那裡都廣受歡迎！只要掌握了這個交際的潤滑劑，自然不會再害怕和人交談。

那麼，又該怎樣訓練、培養幽默感呢？

幽默感可能是與生俱來的，但也是可以經過後天的學習！

學習幽默，首先要積累幽默的素材。如果你沒有即興幽默的能力，不如多看一些漫畫和笑話，從中體會幽默的感覺，學習欣賞幽默，久而久之，就可自己製造幽默，至少也可運用看來的笑話了。

其次，可以體會別人的幽默感，學習聽懂笑話，然後模仿一番。敞開你的心胸，去接受各種不同的人事物，這些人事物會在你的心中留下痕跡，成爲幽默的酵母。

想培養幽默感，一定要保持愉快的心情。這是幽默感的「土壤」，如果你心情沉鬱，老是想著一些不快樂的事情，怎麼會有幽默感呢？

要讓自己成爲一個幽默的人，同樣需要掌握一定的方法技巧。幽默的方法也不少，如誇張、諷刺、反語、雙關等手法，都可以達到一定的幽默效果。常用的有下面幾種。

‧自我解嘲法

以爽朗的心情主動開自己的玩笑，這是公認最幽默，也是最難做到的，如果做到了，表示你已具備了幽默的最大特質。寧可將衆人的快樂建築在自己的痛苦上，也不要把自己的快樂建築在別人的痛苦上。

自嘲是一種拉近自己和別人之間距離的好方法。懂得自嘲技巧的人，不留痕跡地表達了本身的謙虛，讓別人不由自主地卸去了心理武裝，彼此就很容易打成一片。

• 誇大不實法

小朋友：「媽！我剛才在路上看到好『幾百隻』狗！」

媽媽不耐煩：「胡說八道，跟你講過『幾千遍』了，說話不要那麼誇張！」

氣死了！煩死了！忙死了！累死了！笑死了！渴死了！現代人每天至少要「死」上好幾遍。這些誇張的話語代表的當然不是眞實的現象，卻能表現情緒的「力道」。讓人痛快，惹人發笑，這就是誇大！

說話時若能適度使用「誇大不實」的幽默方式，你就不會那麼斤斤計較，會變得比較豁達。

• 戲言迴避法

戈巴契夫就任蘇聯總書記時才五十四歲，當時，全世界的人都很關注他的施政方針，想看看這個年輕的國家領導人，會把蘇聯帶往什麼方向。

在戈巴契夫召開的記者招待會上，一位美國記者問他：「戈巴契夫先生，我們都知道你是一位思想激進的領導人，可是，當你決定內閣名單時，會不會先和上頭的重量級靠山商量？」

戈巴契夫一聽，故意板起臉來回答：「喂！請你注意，在這種場合，請不要提起我的夫人。」

溝通遇到障礙時，或無法直語回答之時，不妨使用戲謔的表達方法，擾亂對方的思考邏輯，或迴避問題。這樣一來，自己就可以藉機從容脫身，或是轉移焦點。

• 尖酸刻薄法

運用尖酸刻薄法時，請提高社交敏感度，細微地察覺對方是否具有「抗毒」的體質，萬一對方經不起你的「毒素」，恐怕會讓場面變得尷尬。

另外，要確定自己能損人，也能捧人，這就是「施毒」與「解毒」，若是能放不能收，奉勸你還是多加修練，以免傷人害己。

學會了尖酸刻薄的幽默技巧有助於提升自己的情緒及社交敏感度，個人的組織能力與應變能力也相對加強。

懂得這個技巧，朋友間會因互攻長短而增進情誼，合夥人更會因此培養出特優的合作默契。

當然，還要提醒你，無論怎樣幽默消遣，也必須給人留台階下。

總之，開玩笑是爲了促進彼此的感情交流，而不是惡意取笑，佔對方便宜，必須把握尺度。

幽默的談吐代表著開朗樂觀的個性，是一個人聰明才智的標誌。

想說「不」，也要注意形式

不善於拒絕的人，一次拒絕就可能得罪多年的深交；至於善於周旋的人，儘管天天都在拒絕，仍然能廣結人緣，極少招來非議和埋怨。

拒絕他人，必須講求方法和技巧，把拒絕帶來的遺憾縮小到最低限度，既不傷害對方的自尊與感情，又取得對方的諒解。

有次，某個報紙邀請林肯在編輯大會上發言，但林肯覺得自己不是編輯，出席這種會議很不相稱，想拒絕這次的邀約，但又不能把話講太直接。

他是怎樣做的呢？

他給大家講了一個小故事：「有次，我在森林中遇到一個騎馬的婦女，我停下來讓路，她也停了下來，且目不轉睛地盯著我的臉看了很久。她說：『我現在才相信你是我見過的最醜的人。』我說：『妳大概講對了，可是我又有什麼辦法呢？』她說：『你生就這副醜相，當然沒有辦法改變，但你可以待在家裡不要出來嘛！』」

大家為林肯的幽默啞然失笑了。

日常的工作和生活中，你是否遇到過這些傷腦筋的事情：某個紀錄不良的熟人纏著你借錢，但借錢給他就等於肉包子打狗有去無回；某個熟識的生意人向你兜售物品，你明知買下就要吃虧；曾經在你困難時鼎力相助的朋友有求於你，你心有餘而力不足，但他不相信，指責你忘恩負義……這時候，你應該怎麼辦？

記住，有些事情，該拒絕的時候，就得拒絕。如果不好意思當場說「不」，而輕易承諾，只會讓自己懊惱、鬱悶，事情辦不成，以後更不好意思見人。

不善於拒絕的人，一次拒絕就可能得罪多年的深交；至於善於周旋的人，儘管天天都在拒絕，仍然能廣結人緣，極少招來非議和埋怨。

想要拒絕對方，也必須講究方法。

拒絕時，應該注意以下幾個方面：

遇到敏感的問題或難以承諾的要求時，首先，向對方誠懇地表示充分的尊重、理解和同情；其次，要不焦不躁，沉著冷靜地應對。

對於無理的要求或挑釁性的提問，既可採取以主動出擊爲主的攻勢，也可採取以防衛爲主的守勢。

對於合情合理但自己辦不到的要求，可以在拒絕對方某方面要求的同時，儘量滿足另一方面的合理要求作爲補償，以減輕他的遺憾和失望之情。也可以眞心實意地爲對方著想，替他出謀劃策，建議他另求希望更大的門路。

如果對方胸襟開闊，易於接受，最好及早開誠佈公地説明原因拒絕，以便他另做安排、打算。

如果對方承受心理壓力的能力很低，遭受直言拒絕後，輕則可能煩憂、痛苦，重則可能懷恨在心，那麼最好以考慮、研究之後再回覆爲藉口，以拖延戰術再加上旁敲側擊，讓對方自己意識到被拒絕的可能性。

如果對方是上級或長輩，與其讓他再三催你答覆，不如自己主動說明原因，委婉拒絕，以免失敬。

如果對方是你的下級或晚輩，即使所提的問題不便回答，所提的要求不合理，也不宜當眾恥笑、訓斥，應該耐心解釋或暗示拒絕的原因。

如對方對拒絕的理由持懷疑態度，仍想糾纏，不妨援引類似的人或物作爲旁證，增強拒絕理由的可信程度。

如果對方的要求實在不能接受，應該毫不猶豫地拒絕，切忌模稜兩可，以免對方產生誤解，懷抱著不切實際的幻想，既耽誤了對方辦事，又給自己增添不必要的麻煩。但是，口氣一定要委婉。

用恭維的話語拉近彼此的距離

別人從事什麼職業，你就說些相對應的恭維話。這樣做，必定能為你日後的互動、溝通打下堅實的基礎。

人際交往中，許多人常用恭維的言語，這是因爲恭維的話人人愛聽，如果恰如其分，對方一定十分高興，因此對你產生好感。就心理學而言，越是自大傲慢的人，越愛聽恭維的話，越喜歡接受別人恭維。

我們常常聽到有人說自己不愛恭維，可以虛心接受批評，其實，這只是門面話。你如果信以爲眞，毫不客氣地直言批評，他們心裡一定非常不舒服，表面上未必有所表示，內心卻十分不悅，對於你的評價、觀感，只會降低，絕對不會增加。

恭維的語言，對於交涉、溝通有著重要作用，是調節人際關係的潤滑劑。說些適度的恭維話，別人聽了舒服，自己也不降低身分，可說是與人溝通的一門重要功課。

韓信年輕時卻受過「胯下之辱」，後來追隨漢高祖劉邦，屢建奇功，於是有人斷言：「如果漢高祖沒有韓信，根本無法完成統一天下的霸業。」

這番話讓劉邦對韓信日益強大的力量畏懼了，有意找藉口以企圖謀反的罪名，把韓信捕殺。

就在這時，久未謀面的劉邦和韓信終於有了一次見面談話的機會。

韓信便抓住這個機會，適時把劉邦恭維了一番，產生了很好的效果。

兩人的話題是從評論將士開始的，但各持的見解不同。

劉邦問韓信：「你看我有統率幾萬大軍的能力呢？」

韓信答：「陛下最多只能統率十萬左右的大軍吧！」

劉邦又問：「那麼，你呢？」

韓信一笑：「在下當然是多多益善！」

劉邦笑著問：「那你又為什麼被我所用呢？」

這時，韓信開始巧妙地恭維了，「陛下雖然沒有『將兵』的才能，卻具有『將將』的才能。在下之所以被陛下所用，正是如此。而且陛下的那種本能是天生的，不是普通人所能具有的。」

韓信如此恭維，運用之巧妙堪稱一絕。劉邦被恭維得渾身通泰，疑懼的心理終於得到舒緩。

日常生活或工作場合中，你也可以恭維別人，但怎樣才能恰如其分呢？

每個人都有希望，年輕人寄希望於自身，老年人寄希望於子孫。年輕人自以爲前途無量，你如果舉出幾點，證明他的將來大有成就，他一定十分高興，認爲你獨具慧眼。

對於老年人，你如果說他的兒子無論學識能力都高人一等，眞是個難得的人才，他必然十分感激你，口頭連說：「未必，未必，過獎了。」內心卻認爲你慧眼識英雄呢！

對於商人，你如果說他學問好，品德好，他一定是無動於衷。你應該說他才能出衆、手腕高明、頭腦靈活，他才聽得高興。

別人從事什麼職業，你就說些相對應的恭維話。

瞭解對方的資歷再說恭維話，這是應該特別注意的要訣。這樣做，必定能爲你日後的互動、溝通打下堅實的基礎。

需要注意的是，恭維必須拿捏有度。浮誇的恭維話，不僅會將彼此的距離拉開，更會讓對方心生防備。如果言不由衷或過度恭維，更會顯得肉麻兮兮，讓別人看輕你。

說話不要太情緒化

把要批評的話或不好聽的話，用表揚或讚美的形式表達出來。與其開口說不好聽的話，倒不如用「以褒代貶」的方式將意思傳達。

在語意學中，有些詞語除了本身的詞義之外，還具有表示感情、評價的附加意義。這種附加意義又帶有感情色彩，同樣能表明說話者對於某個人或某件事的評價和態度。

這類辭彙一進入話語之中，便有著固定的褒揚或貶斥，顯示出說話者的愛憎、好惡，也可以說是一種「情緒語言」。

專業的公關人員對這類詞語的運用大多持謹慎態度並儘量使用同義替代方法，而改用中性詞語。

例如，以前常用「先進」和「落後」這兩個形容詞，但「落後」一詞帶有強烈的情緒或歧視色彩，讓人聽了反感，後來就改用「質樸或復古」替代，同樣的意思，效果卻大大不同。

因此，如果你不想得罪人，最好不要濫用「情緒性的語言」。一旦你的情緒摻雜在語言當中，就會在無形中改變詞語本身的含義，而偏向於褒義或貶義。交談過程中，任何暴露自己感情色彩的做法都是對自己極爲不利的，所以使用語言時，要避免這類情況的出現。

某大學一年級進行軍訓課程的實彈射擊測驗，一位學生因平時練習時不認真，所以三次都脫靶，使全班的總成績成為全年級倒數第一，該班同學個個垂頭喪氣。打靶回來的路上，老師拍了一下這位學生的肩膀，笑著說：「嗨，三次你都打中了靶子以外的地方，也真是不容易啊！」

老師一句充滿幽默的「讚揚」引發了同學們的笑聲，連這位學生也忍不住笑了出來。但笑過之後，他抓抓後腦勺，想想因為自己而拖累了全班的成績，也覺得很不好意思。

孔融十歲那年，有一次到李膺家做客，當時在場的貴賓們都是社會名流，眼見孔融應答如流，眾人對他稱讚有加。

但是，其中有一位名叫陳韙的大夫卻不以為然，譏諷地說：「小時候聰明，長大了未必也聰明。」

孔融立刻回答道：「我想先生小時候一定很聰明吧？」

上述第一例中，如果老師這樣對那個同學說：「你這次打靶，三次鴨蛋，全班都被你連累了。你也太不認真了。」這樣不僅達不到教育的目的，甚至會使這個學生從此視打靶爲畏途，還可能造成班上其他同學對他的不諒解與責怪，引發不滿的情緒。

至於在第二例中，孔融不僅以其人之「道」還治其人之身，還以問作答地把對方的「炮彈」彈了回去，同時，言語之間還帶有「明褒暗貶」的意味，表面上是稱讚大夫陳韙小時候聰明，實則是諷刺他現在不怎麼樣。

像孔融這類的回答一般都帶有明顯的嘲弄和諷刺意味，通常是因對方出言不遜、諷刺挖苦所引起的，這樣的語言表達方式一般出現在不友好的兩方之間，是答方對不禮貌的問方以牙還牙式的回敬，可是表面上的讚美之意卻又令對方不能大發雷霆。

這種說話技巧就是運用正話反說的修辭方法，把要批評的話或不好聽的話，用表揚或讚美的形式表達出來。

因此，與其開口說不好聽的話，倒不如用「以褒代貶」的方式將意思傳達給對方知道。

替別人找個退一步的藉口

日常談話中，有時會碰上一些尷尬的僵局，令人左右為難，這時，不妨找個藉口，給對方設一個漂亮的台階，於人於己都有好處。

給別人留足面子，在人際交往中非常重要。要知道，有時候給別人留面子，其實也是爲自己留下餘地，所以，一定得要學會在適當的時機巧設台階讓別人下，彼此之間的關係才會更融洽。

清朝著名的雄辯家紀曉嵐頗受乾隆皇帝的賞識和重用。

有一次，乾隆皇帝想跟紀曉嵐開玩笑，於是便問他說：「紀愛卿，『忠孝』二字作何解釋？」

紀曉嵐回答道：「君要臣死，臣不得不死，是為忠；父要子亡，子不得不亡，是為孝。」

乾隆立刻說：「那好，朕要你現在就去死。」

「臣領旨！」

乾隆說完就後悔了，但自己是金口玉言，豈能說話不算數？何況旁邊還有許多大臣，收回命令就太沒面子了。

紀曉嵐磕頭遵旨，然後匆匆跑到後堂。不一會兒，只見他全身濕淋淋地回到乾隆皇帝跟前。

乾隆驚訝地問道：「紀愛卿怎麼沒有死？」

「我遇到屈原了，他不讓我死。」

「此話怎說？」

「我到了河邊，正要往下跳時，屈原從水裡向我走來，他說：『紀曉嵐，你此舉大錯矣！想當年因為楚王昏庸，我才不得不死，可如今皇上如此聖明，你為什麼要死呢？趕緊回去吧！』」

乾隆聽後，放聲大笑，免了紀曉嵐的死罪。

替對方找一個恰當的藉口，既可給對方面子，讓對方有個漂亮的台階下，也才不會難爲了自己。

紀曉嵐當然知道乾隆並不是眞的想讓自己去死，只是礙於面子不好收回命令，所以想了一計，給乾隆設了一個漂亮的台階，也順勢挽救了自己的性命。

日常談話中，有時會碰上一些尷尬的僵局，令人左右爲難，拉不下面子來。這時，不妨向紀曉嵐學習，找個藉口，給對方設一個漂亮的台階，於人於己都有好處。

想要發出忠告，必須講究技巧

一般人容易受感情支配，即使內心有理性的認知，但仍易受反感情緒的影響而難以聽進忠言。想要發出忠告，必須講究技巧，否則就會收到反效果。

一位在外遊蕩而後感到後悔的學生，暗暗下決心回家重拾書本。一走進家門，他母親就急不可耐地訓斥：「你又到哪裡野去了？還不快去複習功課，看你將來怎麼考上大學！」

「哼，上大學，上大學，我就不信不上大學就沒出息！」受逆反心理驅使，一氣之下，兒子又跨出了家門，母親的一番苦心白費了。

一位母親這麼忠告自己的兒子：「我說小明呀，你看隔壁家的小正多有禮貌，多乖啊！你要好好向他學習，做個好孩子喲！」

「哼，嘴裡整天是小正這也好那也好，乾脆讓他做妳兒子算了！」

兒子的自尊心受到傷害，母親的忠告效果適得其反。

丈夫對每天披頭散髮的妻子提出了忠告：「我說，妳看隔壁林太太哪天不是整整齊齊的，而妳總是邋邋遢遢，就不能學學人家嗎？」

「學學人家？你的收入有人家丈夫多嗎？你有了錢，難道我還不會打扮？」

雖然妻子明明知道自己的弱點，但出於自尊心，沒好氣地回敬著丈夫，丈夫的忠告失敗了。

爲什麼一般人都討厭忠告？爲什麼忠告聽起來總不順耳呢？

這是因爲，一般人容易受感情支配，即使內心有理性的認知，但仍易受反感情緒的影響而難以聽進忠言。

想要發出忠告，必須講究技巧，否則就會收到反效果。如果開口之前，注意忠告的三個要素，你的忠告就會被人接受，忠言聽起來也就順耳多了。

第一，謹慎行事。

忠告是爲了對方著想，爲對方好是根本出發點。因此，要讓對方明白你的一番好意，就必須謹愼行事，不可隨便草率。

此外，講話時態度一定要謙和誠懇，用語不能激烈，否則對方就會產生你在教訓他的反感情緒。

第二，選擇時機。

選擇適當的場合和時機，是忠告的第二個要素。

例如，當部下盡了最大努力但事情最終沒有辦好時，此時最好不要向他們提出忠告。如果你這時不合時宜地說「如果不那樣就不至這麼糟了」之類的話，即使你指出的癥結很在理，對方心裡也會頓生「你他媽沒看見我已拼了老命了嗎」的反感，效果當然就不會好了。

相反的，如果此時你能先說幾句「辛苦了」、「你已做了最大的努力」、「這事的確比較難辦」的安慰話，然後再與部下一起分析失敗的原因，最終部下便會欣然接受你的忠告。

第三，不要比較。

忠告的第三個要素，就是不要拿其他事、其他人做比較。因爲這樣的比較很容易傷害對方的自尊心。

除此之外，在什麼場合提出忠告也很重要。基本上，提出忠告時，最好以一對一，千萬不要當著他人的面向對方提出忠告，否則對方很容易受自尊心驅使而產生牴觸情緒。

06

投其所好，談話最有功效

不妨這麼告訴自己：
為了成為一個會說話的人，
為了達成合乎情理的目的，
「投其所好」沒有什麼不可以。

懂得溝通，比較容易成功

言語是人類互相交際、了解、傳達感情、溝通思想的最好工具，不擅於應用者，必定要在交流中吃大虧。

人際溝通作家葛瑞斯曾說：「有時候，會說話的人，不見得比不善於表達的人有能力，但是卻比不善於表達的人，更受到別人的青睞。」

確實，在這個有能力不一定就能成功的時代，如何與人進行有效的溝通、如何用最精確的話語，將自己的意思表達出來，往往就是一個人是否能夠成功的最重要關鍵。

日常生活中，會說話的人，總是可以流利地表達出自己的意圖，也能夠把道理說得很清楚、動聽，使聆聽者樂意接受。

有時候，還能立刻從問答中測定對方言語的意圖，由談話中得到啓示，增加對現況的了解，從而促進雙方關係的穩固。

相比之下，不那麼會說話的人，明顯不能完全地表達出自己的意圖，談話過程中，經常陷入使對方費神又不能表達自我的窘境。簡單來講，就是詞不達意。

說話是爲了把自己的意思告訴別人，讓別人明白，從而互相了解。如果說出的話不使人信服，沒辦法激起半點反應，就毫無作用，等於沒說。

你必定會問，如何才能「讓對方欣然接受」呢？

說穿了，秘訣只在一點：知道自己的優劣，也清楚對方的優劣，然後創造條件發展已有優勢，便能應付自如。

說話是要針對人的，見什麼人說什麼話，斟酌每個人或每件事的情況與需求做調整，不可妄想「一招半式走天下」。

是否有過類似的經驗？同樣的要求，對某個人提出，他欣然地接受，但對另一個人說，對方不但不能理解，而且還大表反感。這就是無法做到「知己知彼」者最容易犯下的錯誤。

有些時候，我們明明很在意某個人，可是他一點也不知道；我們明明非常關心某個人，卻還經常被對方嫌太過冷淡。

試想，這是多麼使人痛心的事啊！所以，在成爲高明的說話者之前，我們要先注意別人眼中看見的，了解別人心裡究竟在想些什麼。

當面對著一群人說話的時候，不但要顧到全體，還要特別照顧那些不被注意的聽衆，這樣做，可以解除衆人不安或不起勁的負面情緒，讓我們說出的話得到更熱烈的支持。

不要忘記對別人善意的言語表示感激，讓你的朋友具體地知道你的想法，知道他對你有很大的影響。只要眞心誠意，必能把心中眞實的感情傳遞出去。

若你本身就是富有同情心的人，一定能警覺地注意自己的言語，不至於在無意中傷害別人，就算不小心失言，也能夠在覺察之後，立刻向對方表示歉意。並且，在遭受他人無心的言語傷害時，以寬容態度應對。

人都希望自己是快樂的、富於幽默感的，也比較喜歡與這類人相處。用快樂積極的態度說話，更容易受歡迎，達到目的。

作家惠特尼曾經如此寫道：「說好一句話，有時候比做好一件事更容易獲得別人的重視。」

確實，在這個每個人都喜歡聽好話的時代，說好「話」的確比做好「事」更容易讓你引起別人的注意。因此，如果你想獲得成功，那麼在溝通的過程中，如何把話說到別人的心坎裡，絕對是必修的一門學分。

言語是人類互相交際、了解、傳達感情、溝通思想的最好工具，不擅於應用者，必定要在交流中吃大虧。

培養受人歡迎的說話態度

如果你對別人表現出刻薄的神情，或者對別人說的話表示冷淡或輕視，對方的談興必定會消失。

與人談話時的態度如何，決定了你是否受人歡迎。能與人和顏悅色交談者，必定能打動對方的心。

會說話的人比較吃香，這一點無庸置疑，但如何表現才算是良好的談話態度呢？歸納起來有以下五點：

- **表現出興趣**

當別人講話時，要注意傾聽。

如果你的眼睛四處張望，或是玩弄著小物件、翻弄報紙書籍，對方就會以爲你對他的話沒有興趣，感到掃興。

此外，在人多的時候，你不能只對其中一兩個熟悉的人表示興趣，而要把注意力分配到所有人身上。對於那些話說得少，或是表情不太自在的人，更要特別留神，找機會關照。

你的注意、你的關心，形同於一種尊重和安慰，正好可以幫助他們從被冷落的窘境中解脫。

• 表示友善

如果你對別人表現出刻薄的神情，或者對別人說的話表示冷淡或輕視，對方的談興必定會消失。

哪怕你不喜歡聽對方的話，或者不同意他的意見，還是應該表示出基本的尊重與友善，不要只因爲一句不得體、不適當的話，就全盤加以否定。

尊重，正是人際關係要獲得良好發展的基礎。一聽到不喜歡的話，立刻表現出自身的不快和不滿，把彼此的關係弄壞、搞僵，導致失去繼續交談、深入了解的機會，不是很可惜嗎？

● **輕鬆、快樂、幽默**

眞誠、溫暖的微笑，是打開他人心房的鑰匙。

人的心靈天生對溫度有強烈的感應，遇見抑鬱、冰冷的表情，就會自然地凝結僵硬；遇見歡樂、溫暖的笑容，則相應地柔軟、活潑起來。

眞誠、溫暖的微笑，快樂、生動的目光，舒暢、悅耳的聲音，就像明媚的陽光，使一切欣欣向榮，使談話能藉更生動活潑的方式進行下去，讓所有人談笑風生，備感心曠神怡。

至於幽默感，需要慢慢地培養，它是一種興致的混合物。有幽默感的人，常常能使身處的空間充滿歡聲笑語，憑幾句妙語驅散愁雲、消弭敵意，化干戈爲玉帛、化凶戾爲吉祥。

• 適應別人

跟趣味相投的人在一起就舒服、話多得很，一遇見志趣不投的人就感到彆扭、不想開口。像這樣任著自己的脾氣去接近別人，真正投機的人就少了。

想要讓自己更受歡迎，就該藉談話多關心別人，重視他們的想法與喜好。有些人喜歡講大道理、有些人思路較天馬行空、有些人一開口就滔滔不絕、有的人則長於深思、拙於應對，凡此種種，你都該學著自我調節以適度遷就。

碰上滿腹經綸的，讓他盡情地宣洩；守口如瓶的，由他吞吞吐吐；失意的，多給予一些安慰同情；軟弱的，多表達鼓舞和激勵。

凡是會說話的人，一旦發現對方對某一問題表現出特別強烈的興趣，便會讓他在這方面繼續發展，暢所欲言。

假如看出對方對某一個問題不想多談，則會及時轉換話題，把談話引到另一個方向，免得引起不快。

• 謙虛有禮

所謂謙虛有禮，絕不是光在表面上說一些不著邊際的客氣話，而是一方面真誠地尊重對方、關心對方的需要，盡力避免傷害，另一方面，嚴格地要求自己，對自身意見與看法抱持「可能有錯」的保留態度，虛心地聽取對方的意見，然後做出適度調整。

與人談話之時態度的好壞，正是能否成功達到交談目的的重大關鍵，因此千萬不可不謹慎。

投其所好，談話最有功效

不妨這麼告訴自己：為了成為一個會說話的人，為了達成合乎情理的目的，「投其所好」沒有什麼不可以。

一個會說話的人，必定懂得「投」聆聽者「所好」。

一直以來，「投其所好」被視爲貶義詞，爲人所鄙夷，這主要是因爲「投其所好」者的目的往往是自私、不可告人的。由此看來，假如目的光明磊落、合乎情理，「投其所好」就可以正名了。

心理學研究證明，情感引導行動。積極的情感，例如喜歡、愉悅、興奮，往往能產生理解、接納、合作的行爲效果；消極的情感，如討厭、憎惡、氣憤等，則會帶來排斥和拒絕。

所以，若想要人們相信你是對的，並按照你的意見行事，首先要得到人們的喜歡，否則必定失敗。

要使別人對你的態度從排斥、拒絕、漠然到產生興趣，並更進一步關注，需要最大限度地引導、激發對方的積極情感。

「投其所好」，實際上就是引導激發的過程。這種過程的表達方式多種多樣，經常運用的主要有以下兩點：

• 發現對方的「長處」

要善於讚揚別人，善於從理解的角度真誠地讚美別人，更要培養並展現出洞察力，發現對方美好的一面。

• 尋找對方的「興趣點」

與別人交談之時，往往會遇到一種情況：對方並未專心聽你說，而是在做或在想別的事情；或者是嘴裡應付著，眼睛卻看向別處；或者是轉移話題，跟你瞎扯……遇到這種情況，你就應該儘快放棄目前的話題，尋找他的「興趣點」。

唐代大詩人白居易說過：「動人心者莫先乎情。」情動之後心動，心動之後理順，而理順之後，事情自然會朝著有利於你的方向發展。以下的故事，相信能給你一些啓示。

柯達公司總經理伊斯特曼發明了底片，為自己贏得巨額財富，成為當時世界上最著名的商人之一。

儘管如此，他仍然像平常人一樣，渴望得到別人的稱讚。

伊斯特曼曾捐造「伊斯特曼音樂學校」和「凱伯恩劇院」，用來紀念他的母親。紐約某座椅製造公司經理艾特森，想得到承包劇院座椅的訂單，於是鼓起勇氣和伊斯特曼相約見面。

但由於伊斯特曼的工作極忙，每次訪問佔用的時間不能超過五分鐘，艾特森能利用的時間相當有限。

他被引進總裁辦公室時，伊斯特曼正埋首於桌上堆積如山的文件中，聽見有人進來，他抬起頭打招呼：「早安！先生，有什麼事情嗎？」

自我介紹後，艾特森說道：「伊斯特曼先生，在外面等著見你的時候，我瀏覽了一下這裡的環境，感到非常羨慕。假如我有這樣的辦公室，工作情緒一定非常高昂。你知道，我只是一個平凡的商人，從來不曾見過如此漂亮的辦公室。」

伊斯特曼回答：「你使我想起一件幾乎忘記的事，這房子確實很漂亮，不是嗎？當初剛蓋好的時候我極喜歡它，但是現在，為太多事情心煩忙碌，我甚至連續坐在這裡幾個星期都無暇看它一眼。」

艾特森用手摸了摸壁板，問道：「這是英國橡木做的，是吧？質感和義大利橡木稍有不同。」

伊斯特曼點了點頭，明顯已被挑起興趣，說道：「一點也沒錯，那正是從英國運來的橡木。我的一個朋友懂得木料的好壞，親自為我挑選的。」

隨後，伊斯特曼領著艾特森參觀了自己的辦公室，詳細講解曾參與設計的房間配置、油漆顏色、雕刻工藝等等。

當他們在室內誇獎木工時，伊斯特曼走到窗前，非常得意地表明要捐助洛加斯達大學及市立醫院等機關，以盡心意，艾特森立刻熱誠地稱許，直說他是個古道熱腸的善心人。

兩人接著又談了許多生活上、工作上、生意上的事，艾特森總是適時地表達出自己的讚歎。這場談話一直進行到中午，之後，艾特森不僅順利得到了那筆劇院座椅訂單，還與伊斯特曼成了好朋友。

人際交往中，「投其所好」的重要性，由此可以證明。

因此，不妨這麼告訴自己：爲了成爲一個會說話的人，爲了達成合乎情理的目的，「投其所好」沒有什麼不可以。

適度讚美讓說出的言語更美

若在讚美別人時，不審時度勢，不能掌握一定的技巧，即便是真誠的讚美，也可能產生負面效果。

生活中，我們經常需要去稱讚別人。

真誠的讚美，於人於己都有重要意義。對別人來說，他的優點和長處，因你的讚美顯得更有光彩；對自己來說，表明你有開朗的胸懷，並已被他人的優點和長處所吸引。

美國心理學家威廉·詹姆斯說：「人類本性上最深的企圖之一，是期望被讚美、欽佩、尊重。」

確實如此，渴望受讚揚是每一個人內心的基本願望。

在現代人際交往中，讚揚他人已成爲一門獨立的學問，能否掌握並妥善運用，使符合時代的要求，是衡量現代人的素質的一項標準，也是衡量個人交際能力高低的重要標誌。

當教師的人都明白，對落後的學生，過多的處罰和批評往往無濟於事。這些學生乍看簡直一無是處，但只要你能找到一個優點，予以大力讚揚，他就會產生上進心，逐漸往好的方向發展。

由於小小的誤會或久未接觸，人與人之間難免產生隔閡。消除隔閡的最有效方法，就是恰到好處地讚揚對方，融洽彼此瀕臨破裂危機的關係和感情。

讚美是件好事情，但並不是一件簡單的事。若在讚美別人時，不審時度勢，不能掌握一定的技巧，即便是眞誠的讚美，也可能產生負面效果。

讚美時，應遵守以下準則：

●實事求是，措詞適當

讚語出口前，先要掂量一下，這個讚美有沒有事實根據？對方聽了是否會相信？第三者聽了是否不以爲然？

一旦出現異議，你又沒有足夠的證據來證明自己的讚美站得住腳，就會弄巧成拙。所以，讚美必須在事實基礎上進行。

不僅如此，措詞也要講究適當。

例如，一位母親讚美孩子：「你是一個好孩子，有了你，我感到很欣慰。」這種話就很有分寸，不會使孩子驕傲。

但如這位母親說：「你眞是一個天才，我所看過的小孩中，沒有一個趕得上你的。」那會因爲過度誇大，養成孩子驕傲的性格。

●借用第三者的口吻讚美他人

有時，我們爲了博得他人好感，會讚美對方一番。

但若由自己說出「您看來眞是年輕」這類的話，不免有恭維、奉承之嫌。與其如此，不如換個方式，向對方說：「怪不得大家都這麼稱讚，您看來眞是年輕又漂亮。」

借用他人的口來讚美，更能得到對方的好感與信任。

●間接地讚美他人

有時，當面讚揚一個人，反而會使他感到虛假，或者會疑心你不是誠心的。這種時候，間接讚美的效果更好。

無論將間接讚美用在大衆場合，或個別場合，只要能傳達到本人耳裡，都是有效的。除了能達到讚揚鼓舞作用，還能使對方感到你的眞誠。

●讚揚須熱情具體

經常可以看到，有人在稱讚別人時，表現出來的態度卻漫不經心。

「你這篇文章寫得蠻好的」、「這件衣服很好看」、「你的歌唱得不錯」，這種缺乏熱情的空洞稱讚並不能使對方感到高興，甚至會由於過度明顯的敷衍而引起反感不滿。

稱讚別人，要盡可能熱情些、具體些。

比如，上述三句稱讚的話，可以分別改成：「這篇文章寫得好，特別是後面一個論點極有新意。」「你這件衣服很好看，剪裁很能襯托你的身材。」「你的歌唱得不錯，高音非常動聽哪！」

●比較性的讚美

兩個學生各拿著自己畫的一幅畫，請老師評價。老師如果直接對甲說：「你畫得不如他。」乙也許感到得意，但甲心中一定不悅。

當碰上這種狀況，不如運用比較性讚美，對兩人說：「甲的構圖已經相當成熟了，但乙的用色明顯更出色搶眼些。」

這樣一來，乙仍舊很高興，甲也不至於太掃興。

●把讚美用於鼓勵

用讚美來鼓勵，能激起人的自尊心。而要一個人努力把事情做好，首要條件，正在於激起自尊心。

有些人第一次做某件事情，結果不理想，你應當怎樣說他呢？千萬要告訴自己，不管對方有多大的毛病，還是該給予肯定，「第一次有這樣的成績，已經不錯了。」

對那些第一次登台、第一次參加比賽、第一次寫文章投稿、第一次做某件事情的人，這種讚揚，會讓他深刻地記一輩子。

●讚揚要適度

適度的讚揚，會使人心情舒暢，否則使人難堪、反感，或覺得你在拍馬屁。因此，合理地把握讚揚的「度」，是一個必須重視的問題。

一般說來，必須做到以下三點：

1.實事求是，恰如其分。

2.方式適宜，即針對不同的對象，採取不同的讚揚方式和口吻，以求適應對方。如對年輕人，語氣上可稍誇張些；對德高望重的長者，語氣上應帶有尊重的意味。對思維機敏的人要直接了當，對有疑慮心理的人，要儘量明顯，把話說透。

3.讚揚的頻率要適當。在一定時間內讚揚他人的次數越多，作用就越小，對同一個人尤其如此。

巧用讚美，讓你的言語更美，也連帶著使形象提高，因此，想要在人際交往中吃香，千萬別吝惜讚美他人。

改變觀念，誠心表達讚美

在稱讚別人同時，也會為自己帶來愉快，就像是一名藝術家，透過語言讚美讓彼此身心愉悅，讓周遭氣氛更美好。

想想，你上一次讚美他人，是在多久之前？

仔細留意便會發現，日常生活中，在我們身邊，必定有許多人不願輕易開口說出對別人的讚美。爲什麼會這樣呢？探究理由，不出以下幾種：

1.剛剛認識某個人，仍感到生疏，對情況還不大了解，怎麼好意思主動對人家表示讚美呢？

2.與異性交往，更加不好意思讚美，尤其是當男人面對一位年輕漂亮的女郎，儘管覺得對方是個美人，卻擔心從嘴裡吐出的讚美遭到誤解，被認為居心不良，因此還是不說為妙。

3.關係親近、朝夕相處的人，彼此早已相知，何必還要表示讚揚？既然不懷疑相互的感情和信任，還有必要表示自己的喜愛和讚賞嗎？弄得不好，反倒顯得不自然、尷尬吧！

4.有的人已經獲得很高的成就，夠幸運、夠得意了，沒必要當面再去稱讚，否則對方豈不是更得意，且更顯得自己更不如他？

5.對於售貨員、服務員或某位商人，沒有必要表示我們對商品或服務的滿意，因為他們做得再好，也是為了賺我們的錢。做好本分內工作是理所當然的事情，既然自己付了錢，有什麼必要再表示滿意和感謝呢？

6.對於領導者，更不可隨便表示讚揚。也許上司確實有值得稱讚的地方，可對這種人盡說好話，別人發現了，豈不被當成拍馬屁？

7.有些人實在太平凡了，甚至還有不少毛病，根本不怎麼樣，就算有可取之處，也不過是些瑣碎、細小的事情，沒有讚揚的價值。

以上這些想法，在邏輯上或許有一定的道理，不是全然不通，但卻足以造成超乎想像的嚴重阻礙，讓我們無法把話說得更好，自然也不可能在人際交往中走向最佳狀態。

爲什麼許多人會有類似想法？往更深一層看，我們還可以探究出以下這幾個原因：

1.對讚揚的意義理解不深，或僅透過庸俗的角度來理解，認為只在有求於人或巴結討好人時才有必要給對方戴高帽子，而自己一向心地坦誠、作風正派，何必要來這一套？

2.為人拘謹，老實木訥，不僅不好意思對他人表示讚賞，同時也擔心別人會對自己有任何懷疑或不好的看法。特別是在陌生人、異性和領導者面前，更感到憂心、拘謹，更無法將讚美說出口。

3.由於心態不良、心理不平衡，懷著嫉妒心或虛榮心，不肯讚揚職務和成就高過自己者，而對不如自己的人又不屑一顧。

4.只想到自己需要別人的讚揚，而不考慮別人也同樣需要得到自己的讚揚。尤其是抱持自卑心理的人，總會覺得自身人微言輕，即便提出讚揚也無足輕重，不具太大意義。

5.無法恰當掌握讚揚的語言藝術，或曾經讚揚過別人但收效不佳，因而誤以為讚揚沒什麼價值，甚至還可能適得其反。

總的來說，吝於讚美不出兩方面原因：一是心態不夠積極，一是不懂得交際的奧秘，不會說話。

正如任何一個人都不可能沒有缺點和過錯一樣，人也不可能沒有值得讚賞的優點和長處。心中抱持偏見者，對某人某事常常固執地囿於自己的看法，即使事實證明犯了錯，也不肯輕易改變。

這不僅不尊重別人，也等同於自我封閉和扼殺，使自己變得令人厭煩。

想要讓別人喜歡自己，就該主動釋出善意，去喜歡、關心、了解他人，且做到全面地、實事求是地關心和了解，而不是只將眼光放在對方的缺陷上。

看到蘊含的潛力，而不是只看已經體現出來的價值。能夠抱持這種想法，你就不會認爲他人「實在不怎麼樣」，半點值得讚賞之處也沒有。

最重要的一點，是你能否看出對方的優點，即使相當渺小，也應當拿出「伯樂」的眼光，致力於發現並讚賞。學會讚揚別人，對於提升說話能力與發展人際關係有很大的幫助，極有可能會成爲你的極大優勢。

此外，要建立一個正確觀念：發現別人有什麼優點，就要及時且直接地表示讚揚，不要等事過境遷後才感到遺憾，不要等到對人有所求時才出口，誠心的讚美絕不等同於膚淺的客套恭維。

想提升自己的說話能力，絕不能吝惜讚美。

要知道，在稱讚別人同時，也會爲自己帶來愉快，就像是一名藝術家，透過語言讚美讓彼此身心愉悅，讓周遭氣氛更美好。

抓住讚美技巧，收效更好

背後讚揚是一種至高的說話技巧，因為人與人相交，最難得的就是在背後說好話，而非閒言閒語。

毫無疑問，會說話的人比較吃香，但是，無論做任何事情、說任何話，都不可以盲目或者過度，必須控制在適當的範圍內，否則，即便是好事、好話，也會產生負面效果。

讚美正是一把雙面刃，能增進人際關係，也能破壞人際關係。期望開口說出的是恰如其分的讚美，可從以下方面要求自己：

- 出於真誠

不真誠的讚揚，必定會給人虛情假意的負面印象，或者被認爲懷有某種不良目的，如此一來，受讚揚者非但不會感謝，反而感到討厭。

言過其實的讚揚，不能實事求是，會使接受者感到窘迫，也會降低讚揚者自身的威信。虛情假意的奉承，對人對己都有害無利。

●不失時機

對朋友、同事身上的特點，要盡可能隨時隨地去發現，抓住時機，積極回饋，即便是一個表情、一個動作、所說的一句話、所做的一件事，都應把它們看在眼裡、記在心裡。

讚美的時機多種多樣，但一般以當時、當衆讚美的效果最佳。

●培養「慧眼」

你從對方身上發現的特色、潛能、優勢，最好是其他人都沒有發現，甚至連當事人自己都不清楚的。

這種讚揚能讓接受者驚喜，瞬間增強自信，更對讚美者產生好感。

●與對方的好惡相吻合

若某樣特質一向被對方認為是缺點，內心極為厭惡，但卻被你誇獎，必定無法令他接受。試想，如果你讚美朋友像某位電影明星，可他恰好極討厭這位明星的相貌或性格，這樣的讚美會有效果嗎？

答案當然是否定的。

●找出對方最渴求讚美的特質

每個人必定都有各自優越的地方，更有自知優越的地方，固然盼望得到別人公正的評價，但更希望某些特質能得到恭維。

例如女孩子，都喜歡聽到別人誇讚她們外表的美麗，但對於具有傾國傾城姿色的女孩，不妨改稱讚她的內涵、智慧吧！相信這會比其他千篇一律的恭維更令她印象深刻。

●善用間接恭維

引用他人的評價，對某位朋友、同事過去的事蹟，也就是既成的事實加以讚美，就達到了「間接恭維」的目的。這證明了你對他的成就、聲譽有所了解，對方不僅會欣然接受你的好意，且將以親切、熱情的態度回應。

●在背後讚揚

背後讚揚人是一種至高的說話技巧，因爲人與人相交，最難得的就是在背後說好話，而非閒言閒語。如果朋友知道你在別人非議他時挺身而出、主持公道，怎麼可能不感激？

●引其向善

讚美與諂媚、奉承、拍馬屁的一個極大區別，在於當中含有「引其向善」的積極性意義。

你若希望對方擁有哪些優點、鞏固哪些優點，就該敏銳地發掘，並及時予以鼓勵。對方的自尊心得到滿足、感受到激勵後，自然會朝你所期望的方向努力。

●言語含蓄

過直、過露的讚美，很有可能讓聆聽者感到過分肉麻，反而留下不好的印象，而巧用抽象含蓄的言詞，更有辦法達到使人迷醉的效果，因為語辭本身含有多方面涵義，可做多種解釋，對方會不自覺地往好的方面去想。

●採用直觀性讚美

面對初相識者，可多使用這種說話方法。

無論是從對方身上的飾物、衣著、裝扮或者其他具體事物切入，具「發現性」的直觀讚美都能讓對方感到輕鬆、自在，從而使交談氣氛活潑起來。

懂得讚美的人必定受人喜歡，想暢通自己的人際交流管道，千萬別疏忽了讚美的技巧。

看出對方的興趣在哪裡

在與人建立良好關係的過程中，達到興趣上的一致是很重要的。當雙方都喜歡同樣的事情，彼此的感情自然更融洽。

只要是人，必定會對某個領域、某樣事物抱持特別濃厚的興趣。

興趣還可再分為兩種，一是對有連帶關係事物的興趣，一種是對無連帶關係事物的興趣。

所謂「有連帶關係」的事物，是指與你和別人共同發生興趣的事物。利用這類興趣作引子，通常可以順利地在彼此之間建立良好互動關係。

通常，一個人之所以從事某樣工作，不是出於自願，而是為了謀生。但在業餘時間他所關心的事情，則完全是自己所選擇。換句話說，他最感興趣的事情是辦公室之外的，因此，透過從業務以外的事物製造機會與某人接近，可望建立起更融洽、穩固的聯繫。

一般人都希望與自己相處的人是有趣的，具有許多不同的興趣，有些自己會同樣感到特別喜歡，有些則比較淡薄。因此，你應儘量找出他們最感興趣的事，然後再從這方面去接近。

但在與別人的特殊興趣建立連帶關係的過程中，自己的眞實興趣也免不了會表現出來。畢竟，想要把話說好，進而再將人際關係經營好，單單憑一句「我也很感興趣」是絕對不夠的。

在對方的詢問下，與其表現得呑呑吐吐、躲躲閃閃，倒不如想辦法用自己的興趣去引起別人的興趣。

在與人交談、交往的過程中，該如何使他人了解自己對某件事情同樣具有濃厚興趣呢？

無庸置疑，對於題目本身，你必須具備相當的知識，以證明自己的確下過一番功夫、做過相當研究，絕非信口胡謅。越是面對值得接近的人，越應該努力對他所感興趣的事情做進一步了解。

切記，除非你能夠好好地應付，得到信賴，否則對方不可能提供你想知道的任何事情。

為什麼幼稚園老師有辦法去哄那些哭鬧的小朋友，讓他們破涕為笑呢？受過專業教育訓練的她們當然有訣竅，其中一項，在於能站在孩童的立場，設身處地、將心比心地迎合孩子們的興趣和思想。

這種做法純粹出於熱誠，而熱誠絕對是使應酬成功、讓話說得更好的因素。當你的內心充滿熱誠，提出的將不是令人難堪的問題，而是別人樂於回答，或者是他所熟悉的問題。

例如，你知道某人去過美國，因此向他問及美國的事情，他一定會非常高興、滔滔不絕地講述起相關的訊息，即使你最開始的目的不過想問問入境手續，他也可能一股腦地連紐約帝國大廈的電梯快到什麼程度都告訴你。

如何實現與他人興趣一致的目的呢？專家提出以下三步驟：

1. 找出別人感興趣的事物。
2. 對他感興趣的題目，設法先建立起相關知識。
3. 明白地對他表示出你確實感到興趣。

在與人建立良好關係的過程中，達到興趣上的一致是很重要的。當雙方都喜歡同樣的事情，彼此的感情自然更融洽。過程中，不但需要主動且積極地釋出善意，更需要良好的說話技巧輔助。

不但口服，更讓人心服

說服別人，光是自認為理由充足還不行，更要掌握對方的心理特點與需求，達到心服口服，一切任由你作主。

有些人認爲，說服只是一種單向行爲，你覺得呢？

在美國，曾盛行過一種形容人際關係的「槍靶理論」，認爲說服者等同於舉槍打靶者，被說服的對象理所當然就是槍靶，只要做到槍舉靶落，「砰」的一聲，讓目標應聲倒下即可。

但事實證明，這種理論是荒唐的，它不夠周全，因爲純粹的、單方面的說服並不能使人口服心也服，不算是一種好的說話技巧。

究竟該如何著手，才能使人心甘情願地接受你的意見？

探究問題的答案，可得出下列幾項必須注意的要點：

● 不要威脅對方

說服者往往認為自己是好心，是從對方的利益出發，並沒有威脅的意思，但真正付諸言語就不是那回事了。

媽媽對孩子說：「你不多穿件衣服，等下就凍死在外面。」

孩子一聽，馬上回嘴：「凍死就凍死，不要妳管。」

媽媽的勸告是出於好心，得到的卻是逆反結果，正是因為話中透露出的威脅意味讓孩子無法接受。

「如果你再不申請參加球隊，我們就不要你了。」

試想，面對這種話，正在考慮加入的人會如何回應？想必會大感不快地回絕道：「那正好，我根本就不想參加。」

● 讓你的觀點中有他的一份

說服過程中，營造出「身處同一陣線」的氣氛，成功率較高。

「你曾說過抽煙不好，也勸過我不要抽煙，不是嗎？既然如此，爲什麼現在卻要抽煙呢？」

使對方產生錯覺，彷彿不是別人在說服自己，而是自己在說服自己。如此一來，被說服者所擔心的「投降」壓力解除，任何話自然都好說。

如果想說服一位失戀的朋友不要自卑，千萬不要找一個總能順利縱橫情場的人出馬，因爲這種接近本身就反襯了對方的痛苦，導致「飽漢不知餓漢饑」的抗拒心理產生，必定收到反效果。

改找一位剛從失戀煎熬中站起來的朋友與他談，就容易達到目的，使他接受勸告，因爲彼此處境相同。

●**尊重人格**

進行說服，可多用討論、提問方式，切記不要涉及過度尖銳的評論，更不可揭人隱私。

話要講得彈性些，給自己修正的空間，不要講死。

簡單說，就是做到「對事不對人」。語言中應避免出現「你應該」、「你必須」之類的詞語，多用商量的口氣，如「我們討論一下有幾種解決方法」、「能不能有更好的辦法呢」等等。

這種說話方法的巧妙處，在能使對方於不知不覺中更客觀地看待自身，避免情緒障礙。

● **讓對方把處境的困難講出來**

急於求成、急功近利是說服者的常見心態，而被說服者的心境和處境，則相對地常被忽略。

能否體諒被說服者的心境，就是成敗關鍵。

冒失的說服者總是一開頭就強調對方的錯誤，嫻熟說話藝術者則不然，必定會先讓對方將心中的矛盾、苦惱講出來。

研究資料表明，凡是願意將困難或不滿講出來的人，他的心扉實際上已經敞開，準備接受幫助，相對的，沉默不言則是拒絕一切的表現。

● 避免讓對方反感

說服的方法不對，非但不能解開僵局，更會使聆聽者產生敵意。

這種情況的發生，多導因於談話間表露出不滿或厭惡情緒，也可能是說服者操之過急、逼人太甚。所以，不希望糾紛越演越烈，首先要避免以上兩種容易激起敵意的態度。

另外，當對方的情緒過分激動時，對是非的判斷力、意志的驅動力都會變得「模糊」，處於抑制狀態。這種情況下，任何「強攻」都難奏效，不如暫停說服工作，讓彼此冷靜一下，釐清思緒，換個時間與地點再開始。

心理學研究發現，某一件事在頭腦中形成強烈的刺激反應，一時無法抑制，但睡了一覺後，情緒便會淡化，這就是「睡眠效應」。這也證明了一個道理：適度停頓，對扭轉認識、穩定情緒有很大幫助。

說服別人，目的是使人跟自己走，光是自認爲理由充足還不夠，更要掌握對方的心理特點與需求，讓對方心服口服。

古希臘哲學家蘇格拉底認爲，他從來沒有要教訓別人什麼，只像一個靈魂的催生婆，幫助人們產生自己的思想觀點。說服者必須掌握「催生」的藝術，也唯有達到如此境界，才稱得上是眞正的說話高手。

07

適度自誇
正是高明的說話方法

並不是身處任何場合、
從事任何事情都適合謙虛。
過度自謙退讓的說話態度，
反而容易給人「沒用」的錯覺。

關注「微不足道」的細節

一些常為人所忽視的小細節往往關係著別人對你印象的好壞，所以要多留心那些「微不足道」的細節，才會讓你贏得更好的人緣。

美國前總統羅斯福在一次宴會上，看見席間坐著許多不認識的人，便找一個熟悉的記者，向他打聽那些人的姓名和基本資料，然後主動和他們接近，並叫出他們的名字。

當那些人知道這位平易近人的人竟是著名的政治家羅斯福時，紛紛感佩他的用心，日後都成了他競選總統的有力支持者。

在某大學裡，有一位同學每次碰見老師或同學時，都會以十分歡快的聲音叫出對方的名字與人打招呼，久而久之，大家一見到他就心情愉快，並常搶先與他打招呼。

在年終推選學生會主席候選人的時候，大家都不約而同地想到了他。理由是，由他愉快的招呼聲推測，他一定是個上進熱情、精力充沛的年輕人，所以當然得選這樣的人。

心理學家指出，在人的心目中，自己的姓名永遠是最美好、最動聽的。

正因爲每個人都很重視自己的名字，與人交往時，記住別人的名字是非常重要的。若你能記住對方的名字，很自然叫出來，就表明了你對他的重視；若是把對方的名字忘了，或寫錯了，難免會引起對方的反感，使自己處於非常不利的地位。

有人說，一位政治人物所要學習的第一課是：記住選民的名字。記住別人的名字，在商業界和社交上的重要性，就跟政治上的選舉一樣。

日常生活中，遇到與自己並不熟悉卻能叫出自己姓名的人，我們會產生親切感，相反的，如果見了幾次面，對方還是叫不出自己的名字，便會產生一種疏遠感，心理有了隔閡。

所以，初次交談中，一定要記住對方的名字，並在下一次見面時，親切地呼喚對方的名字，這樣，會讓你獲得更好的人緣。

一句普通的問候，一聲歡快的語調，會給人留下良好的印象。下次碰見你新認識的人，用歡快的語調主動跟他打招呼吧。

尊重讓彼此更容易溝通

凡善於談話者，必定會小心翼翼斟酌說話方法，不使溝通陷入僵局。只要談話之門沒有關上，就永遠不愁無話可說。

有「會說話」的人，自然也有「不會說話」的人。

有些人喜歡抬槓，搭上話就針鋒相對，無論別人說什麼，總要加以反駁。事實上，他本身可能一點概念也沒有，偏偏當你說「是」時，就一定要說「否」，到你說「否」的時候，反又說「是」了。

事事要占上風，不與人爲善，這是一種極壞的說話習慣。即便你的見識眞比別人多，也不應該以如此態度說話，不爲別人留半點餘地，非要把對方逼得無路可走才心滿意足。

不懂尊重不良習慣足以使你自絕於朋友和同事之外，沒有人會願意再向你提出意見或建議，更別說是忠告了。你的本性可能是很好的，但只要染上這種不良說話習慣，朋友和同事必定會離你而去。

唯一的改善方法，從養成尊重別人的說話習慣開始。

首先你要明白，在日常談論當中，自己的意見未必都是正確的，而別人的意見也未必就是錯誤的。那麼，又何必次次反駁？

別人和你談話，可能根本不打算聽你說教，只當作單純談笑罷了。此時，你若硬要表現出聰明，拿出自認爲更高超的見解壓過對方，即便如願取得優勢，對方也絕不會心悅誠服地接受。

當同事或朋友向你提出建議，若不能立刻表示贊同，起碼要表示願意考慮，不可馬上反駁。

和朋友談天時更該注意，過度執拗足以讓一切有趣的話題變得枯燥乏味。

想要藉言語和人建立良好關係，千萬要表現得謙虛一些，隨時考慮別人的意見，不要太過固執，讓人們覺得你是一個可以交談的人。

聽到別人的意見和自己一樣時，大可立刻表示贊同，不要以爲這樣做會被人認爲是隨聲附和，因而默不吭聲。不吭聲，確實不會被人誤解爲隨聲附和，但也容易使人以爲你並不同意。

當聽到別人的意見和你不一致時，也可立刻表示你不同意，但此時要注重說話的技巧，把不同意的原因委婉但明確地說出來，避免過度批評或者人身攻擊，如此便不至於傷害彼此的感情。

人與人之間的談話，經常只有一個目的，就是想知道別人對某件事的看法是否和自己相同。若雙方意見一致，就會感到肯定或安慰，如果發現雙方的意見有差異，就會有受刺激的感覺。

常常可以看到人們因爲表示出相反意見而得罪了朋友，所以許多專家和相關書籍總是勸人們收斂、圓滑些，不要表達自身的不同意見。但這種說話方式是很片面、膚淺的，也是不誠實的表現。

無論有多麼愛面子，除了少數極愚蠢、狂妄的人以外，沒有人不希望擁有忠實的朋友。

不妨設想一下，如果你認識一個人，對他說的每一句話都隨聲附和，絕口不說「不」字，會有什麼樣的結果？

也許第一次見面他很喜歡你，但是，不久以後他就會覺得你是一個圓滑、不可信賴的應聲蟲，選擇跟你劃清界限。

與別人意見不合時，究竟該如何表態？

首先，在細心觀察社會和人生百態後，你要明白一個事實：只要方法得體，向別人表達自己的不同意見，有時還會受歡迎。這是因爲，眞正得罪人的往往不是意見本身，而是不當的說話方式與態度。

應遵守一個說話原則：表達意見的時候，要假定自己的想法也可能有錯誤，不要強迫別人立即同意，給人充分的考慮時間，致力於做到既不言聽計從，也不固執武斷。

一方面，老老實實地說出自己眞正的看法，另一方面，誠懇地尊重別人的意見，這才是最理想的交談方式。

日常生活中，必定經常可以看見以下情形發生：兩人原本好好地在談話，卻不知不覺就爭執了起來，而爭論的僅是一些極其微小的事情。他們的觀點大體上一致，但都偏執地以爲對方完全站在自己的對立面，最後弄得雙方都非常不愉快。

這是最常見的溝通失敗案例，而導致的主要原因，是在表示不同意之前，忘記說或者以爲不必先說自己同意的部分。

難道不是嗎？人們在聆聽他人的長篇大論時，若發現其中某一部分與自己的看法不同，多會立即提出異議，而對方一聽這話，便會以爲提出的意見遭全盤否定，爭執由此產生。

能否在這樣的場合全身而退，考驗著說話本領的高低。一定要記住，先說明自己贊同的部分，然後再說明在某一點上你有不同的意見，如此，對方才可能較容易地接受你的觀點。

無論彼此的意見差距有多大，分歧又是多麼嚴重，只要不表現出絕對不可商量的態度，必定能找出解決方法。

凡善於談話者，必定會小心翼翼斟酌說話方式，不使溝通陷入僵局。只要談話之門沒有關上，就永遠不愁無話可說。

別輕忽與朋友相處時的言談態度

馬克．吐溫說：「靠一句美好的讚揚，我們能多活上兩個月。」這話雖然有些誇張，但明白彰顯了言語的力量，超乎想像。

培根曾說：「把快樂告訴一個朋友，你將得到兩個快樂；把憂愁向一個朋友傾吐，你的憂愁將會被分掉一半。」

相信沒有人會否認朋友的重要，他們能分享我們的正面與負面情緒，扮演生活中不可或缺的陪伴、支柱。但是，你懂得與朋友溝通交談的正確方法嗎？

與朋友談話，應遵循以下幾個原則：

● 少講客套話

倘若你到一位朋友家裡作客，對方對你異常客氣，你每說一句話，他只有唯唯而答，滿口客套，一副惟恐你不高興、開罪於你的模樣。如此情況下，你必定會因此覺得有如針芒刺背，坐立不安吧！

你曾經歷過類似情形嗎？或者，你曾如此對待過自己的朋友嗎？

客氣雖然是一種禮貌，但必須斟酌狀況與對象做調整，而不是毫無節制地濫用，否則非但不能使人舒適，反倒感覺痛苦。

對於已相當熟識的朋友，談話的最主要目的，在於溝通雙方的情感，增加彼此的興趣，而客氣話，則好比橫阻在中間的牆，如果不把這堵牆拆掉，就只能做極簡單的敷衍酬答而已。

朋友初次會面，客套在所難免，但第二次、第三次會面就應少用如「閣下」、「府上」等詞，不然無法建立眞摯的友誼。

客氣話的用途，是用來表示恭敬或感激，而不是用來敷衍朋友的，所以要適可而止，以免流於迂腐、浮滑、虛僞。

若有人替你做了一件小事情，譬如倒一杯茶，表示「謝謝」即可，最多說句「眞是不好意思，麻煩你了」，但是有些人卻像領受了什麼大恩大德一樣，滔滔不絕地說：「呵，謝謝你。眞對不起，我不該拿這些小事情麻煩你，怎麼好意思呢？這種事情我自己來就行了，實在是……」

相信任何人聽見，都會覺得不舒服。

說客氣話的時候，像背熟了的成語似的，十分公式化地說出口，最易使人討厭。講話態度應溫雅，不可顯得過於急促緊張。還有，切記保持身體平衡，過多的打躬作揖、搖頭作態，反而更不「雅觀」。

把平時過分客氣的言詞改得坦率一些，一定可以享受到友誼之樂。

●朋友面前不自大

愛自我誇大的人是找不到好朋友的，因爲他們自視過高，不大理會別人的意見，只顧著自我吹捧，寧可和那些滿口奉承的人做朋友。

可想而知，如果讓這種人做生意，他會覺得只有自己才配賺大錢；如果讓這種人成為藝術家，他絕對會以為自己是一代大師。

但，真正有修養的人不會隨便誇耀自己，過分自大者通常難成氣候，也很難與人展開良好的溝通。

千萬不要故意地與人為難。有的人專門喜歡表示自己和別人的意見不同，如果你說這是黑的，他就硬說這是白的，下一次你說這是白的，他又反過來說它是黑的，這種處處故意表示自己與別人看法不同的人，和處處隨聲附和的人一樣，都是不老實的，會被人看不起，甚至被憎惡，是不忠實的朋友。

說話本身不是目的，表達自己的感情並與他人建立良好關係才是最大意義。相信沒有人願意做一個口才好卻不受歡迎的人，那麼，就不要為了刻意表現說話口才而四處逞能，惹人憎恨。

好口才一定要用在正確的地方，才可能在人際交往中獲得助益。

很多人都有一種毛病：聆聽他人說話時，若發現其中有任何一點與自己的意見不同，就立刻強硬地提出異議，導致爭執產生。

一個眞正會說話的人，當碰上這種場合，會記得先說明哪一點或者哪幾方面，自己能夠同意，然後才指出雙方意見不同處。這樣做，對方不僅不會因爲面子掛不住而翻臉，也能從言語態度中感受到誠意。

不要抹煞朋友提出的意見，不僅要給予尊重，更該盡可能地稱讚其中優異、出色的地方。如此一來，何愁談話不融洽？

交談時，無論你和對方的意見差距有多大、衝突得多麼厲害，都要拿出一切可以商量的胸懷，並且相信無論有多艱難，都有辦法藉言語取得折衷平衡點，不致造成僵局。

●誠心地讚美朋友

對朋友發出一番讚美之辭，不僅是加深友誼的成功秘訣，也能喚醒對方的潛在力量，提升自尊心，一舉從艱難困苦中超脫。

現實生活中，需要用到讚美的場合很多，因爲無論對自己、對他人，讚美的影響都是積極正面的。遺憾的是，人們對於司空見慣的事太不注意，沒有意識到人心對讚美的需要，平白浪費掉這項言語利器。

莎士比亞有句名言：「我們得到的讚揚，就是我們的薪資。」從這個意義上說，每個人都可以是別人「薪資」的支付者，也應該慷慨地把這份「薪資」支付給你的朋友。

回想一下，平時最常聽到的抱怨是什麼？必定不是「太累了」或「太苦了」，而是「我做了這麼多，卻得不到一點肯定或感激」。由此可知，人們確實需要得到讚美，但肯付出這筆無形「薪資」的人實在太少。

有人說，讚美是一筆投資，只需片刻思索就能獲得意想不到的報酬，這話有些道理，但似乎又含有太多實用主義的功利味道。讚美不應該僅僅爲了報酬，更是溝通情感、表示理解的方式，如同微笑，是照在人們心靈上的陽光。

馬克·吐溫說：「靠一句美好的讚揚，我們能多活上兩個月。」這話雖然有些誇張，但明白彰顯了言語的力量，超乎想像。

因此，即使是和要好的朋友相處，言語上的態度拿捏也不容輕忽。

要聰明，不要被聰明所誤

無論對任何人、任何事，開口說話之前，千萬記得提醒自己：要比別人聰明，但不要告訴人家你比他更聰明。

伶牙俐齒並不算眞正會說話，所謂的說話高手，必定還具備一種能力——以言語激勵、成就他人之美。

安德魯．卡內基是美國的鋼鐵大王，白手起家，既無資本，又無鋼鐵專業知識和技術，卻成為舉世聞名的鋼鐵鉅子，使許多人大感迷惑不解。

某一回，一位記者好不容易得到訪問卡內基的機會，迫不及待地劈頭就問：「您的鋼鐵事業成就是公認的，您一定是世界上最偉大的煉鋼專家吧？」

卡內基一聽，哈哈大笑著回答：「記者先生，您錯了，煉鋼學識比我強的，光是我們公司，就有兩百多位呢！」

記者大感詫異道：「那為什麼您是鋼鐵大王？您有什麼特殊的本領？」

卡內基這麼說：「因為我知道如何用言語去鼓勵他們，使他們發揮自身所長，為公司效力。」

確實，卡內基創辦的鋼鐵業，是靠一套能有效發揮員工專長的制度，取得了蓬勃的發展。

最開始，卡內基的鋼鐵廠因產量無法明顯提高，效益甚差。察覺問題所在後，他果斷地以一百萬美元年薪的高價，聘請查理．斯瓦伯爲總裁。

斯瓦伯走馬上任後，鼓勵日夜班工人進行競賽，工廠的生產情況迅速得到改善，產量大幅提高，卡內基從此逐步走向鋼鐵大王的寶座。

由此可見，卡內基是十分聰明的，如果一開始便自命爲最偉大的煉鋼專家，眞正的能人怎麼可能投入他的陣營、爲他效力呢？

法國哲學家羅西法有句名言說：「如果你想要得到仇人，就表現得比你的朋友更優越吧！」

爲什麼這句話是事實？

這是因爲，當朋友表現得比我們優越時，他們會產生一種自己是重要人物的感覺，但是當我們表現得比較優越時，他們就會產生一種自卑感，導致嫉妒情緒。

讓我們來看看接下來的這則故事：

某段時間，美國紐約市中區人事局最得人緣的工作介紹顧問是亨麗塔，但她並非一開始就擁有極好的人緣，甚至初到人事局的頭幾個月，在同儕間連一個朋友都沒有。

你必定感到疑惑，這是為什麼呢？

因為每天她都在使勁吹噓自己的工作成績、新開的戶頭裡的存款數字，以及她所做的每一件事情。

「我工作做得不錯，並且深以為傲。」亨麗塔對成功大師拿破崙・希爾說：「但是，我的同事不但不分享我的成就，還表現得極不高興。我感到很難過，因為自己是如此渴望這些人能夠喜歡我，希望與他們成為好朋友。」

「在聽了你提出來的建議後，我開始少談自己，多聽同事說話。我發現他們其實也有很多事情渴望吹噓、分享，且因為我願意聆聽而感到興奮不已。現在，每回有時間在一起閒聊，我都會讓他們把歡樂告訴我，只在他們問我的時候，才稍微說一下自己的成就。」

想要在人際相處中如魚得水，首先得培養出聆聽的態度和雅量，再來，要提醒自己：不要在言語上表現得太「聰明」，尤其當對方犯錯時。

切記，無論採取什麼樣的方式指出別人的錯誤，一個蔑視的眼神，一種不滿的腔調，一個不耐煩的手勢，都有可能帶來難堪的後果。

你以爲對方會心悅誠服地同意你所指出的錯誤嗎？

絕對不會！

因爲，你否定了他的智慧和判斷力，打擊了他的榮譽感和自尊心，同時還傷害了他的感情。他非但不會改變自己的看法，還會想要狠狠地展開反擊，這時，無論你再搬出多好聽的言詞彌補，可能都無濟於事。

永遠不要說這樣的話：「看著吧！你會知道誰對誰錯的。」因爲這等於在說：「我比你更聰明、更優秀。」實際上，等同於一種挑戰。

在你還沒有開始證明對錯之前，對方已經被激怒並準備迎戰了，這對解決問題有什麼幫助？爲什麼要爲自己增加困難呢？

某位年輕的律師，參加了一個案子的辯論，因為案子本身牽涉到大筆資金，可說相當重大。

辯論過程中，最高法院的一位法官突然對這位年輕律師說：「海事法追訴期限是六年，對嗎？」

他當即愣了一下，接著轉頭以驚訝的眼光直視法官，率直地說：「不！庭長，海事法沒有追訴期限。」

後來再回顧，這位律師說：「當時，法庭內立刻靜默下來，似乎連溫度都降到了冰點。雖然我是對的，也如實地指了出來，法官卻沒有因此而高興或欣慰，反而臉色鐵青，令人生畏。」

「為什麼呢？答案顯而易見，儘管事實站在我這邊，我卻因為不會說話而鑄成一個大錯，居然當眾指出一位聲望卓著、學識豐富的人的錯誤。」

是的，這位律師確實犯了一個「比別人正確」的錯誤。

在指出別人錯誤的時候，我們必須把話說得更高明一些。無論對任何人、任何事，開口說話之前，千萬記得提醒自己：要比別人聰明，但不要告訴人家你比他更聰明。

對自己的成就輕描淡寫，抱持謙虛態度，必定最受歡迎。

高明的道歉技巧必不可少

犯錯之後，若決定道歉，就該馬上去做，因為時間的長短與道歉的效果成反比，越早設法彌補，成效越好。

道歉，是一門值得鑽研的說話藝術。

衷心道歉不但可以彌補破裂的關係，還可以增進感情。當他人對自己表示出誠摯的歉意，誰能不感動？

原諒別人的錯誤能清除心中的怨恨情感，寬恕不僅僅是美德，更對健康、對情緒都大有好處。

眞正的道歉不只是認錯，也等於承認自己的言行破壞了彼此的關係，而這關係的重要性非同小可，所以希望能重歸於好。

美國總統羅斯福相當善於處理和新聞記者的應對進退，一回，《紐約時報》派記者貝賴爾駐白宮，按照慣例，白宮新聞秘書引他來謁見總統，問說：「總統先生，您是否認識《紐約時報》的菲力克斯．貝賴爾？」

只聽見一個渾厚有力、充滿自信的嗓音傳來：「不認識，我想我還沒得到那份快樂。不過，我讀過他的東西。」

這說句話確實說得非常好，「我讀過他的東西」，對一名記者，絕對是極大的肯定。毫無疑問，透過短短一句話，羅斯福巧妙地在彼此初次見面時創造了良好的氣氛。

但在某些時候，羅斯福也會顯得不近情面，幸而他懂得補救，用言語彌補裂痕，重新建立關係。

一次，羅斯福在記者招待會上進行長篇演講，措辭激烈，貝賴爾卻在底下打起了瞌睡。只見羅斯福突然停下來，大聲吼道：「貝賴爾，我才不在乎你代表哪家報紙，但既然在這兒，你就得做筆記！」

不難想見，對貝賴爾來說，美國總統對自己大吼大叫，使他難受得簡直想找個地洞鑽下去，或是衝上講台把羅斯福揪下來，但他什麼也不能做，只能非常難堪地忍耐著。

衝突歸衝突，招待會結束後，羅斯福仍然如慣例般和記者一同談笑，簡短地交換意見，相互之間毫無拘束地閒聊，氣氛極為融洽。他甚至突發奇想為記者取綽號，說貝賴爾應該叫「魯漢」，因為像《紐約時報》那樣嚴肅的報紙，內部應該要有一個叫「魯漢」的人。

雙方瀕臨破裂的關係，順利地在玩笑中重獲肯定。

還有一回，羅斯福在記者招待會上斥責一名記者，但他馬上察覺到自己把話說得太重。事後，記者主動表示歉意，說自己前晚不該玩牌到凌晨四點，以致今天精神不佳。想不到羅斯福卻說，撲克牌真是有趣的好玩意，自己已經好長時間沒和朋友一起玩了，實在懷念得很，且馬上要求秘書去張羅一頓自助晚餐兼牌局。

放眼世界各國，很少有政府官員能和媒體記者建立起良好的互動關係，羅斯福可說是其中的佼佼者。

看完以上幾則事例，相信你必定會同意，他具備了相當高明的說話技巧。羅斯福能訓人，也能反省自己是否做得太過分，並眞誠、主動地表示歉意。這提醒了我們：該道歉的時候，爲何不能坦然低頭認錯？高明的言語技巧加上誠懇友善的態度，絕對是讓你在任何環境都無往不利的關鍵。

當然，當我們道歉時，也可能會碰上對方不原諒、碰了釘子下不了台的窘況，這時候，該用什麼樣的態度應對？

首先，應認清一點，既然是自己錯了，對方會生氣當然合情合理，苦果還是由自己吞下爲好。

其次，應該藉積極的分析找出原因，也許是因爲自己道歉的方式、場合等不太恰當，導致了不理想的情況。

道歉並非恥辱，而是眞摯誠懇且富教養的表現。

道歉是值得尊敬的事，不必奴顏卑膝。要告訴自己：想糾正錯誤是堂堂正正的事，何羞之有？

犯錯之後，若決定道歉，就該馬上去做，因爲時間的長短與道歉的效果成反比，越早設法彌補，成效越好。

道歉認錯和遺憾經常被混淆，但實際上，兩者的概念截然不同。如果自己沒有錯，則不必爲了息事寧人輕易認錯。沒有骨氣、沒有原則的做法，不可能帶來多少好處。

敢於道歉是一種勇氣，也是有教養的表現，道歉能使友人和好、化敵爲友；也能使陷入僵局的人際關係重新獲得進展；更能使家庭和睦、彼此愉快、工作順利、同事融洽相處。

它是一種高明的說話技巧，人際關係中必不可少的潤滑劑。

適度自誇正是高明的說話方法

並不是身處任何場合、從事任何事情都適合謙虛。過度自謙退讓的說話態度，反而容易給人「沒用」的錯覺。

謙虛是一種美德，更是有效拉近自己與他人間距離的說話秘訣，但不可過分濫用，否則將產生反效果。

事實上，當某些特定時刻，我們非但不可謙虛，更要極力自誇。

從古至今，「自誇」的成效驚人已是不證自明的道理。毛遂若不勇於自薦，自身長才必定不會被發掘。蘇秦、張儀遊說列國，鼓吹合縱或連橫，都是在自讚自誇外交方針、軍事策略的高明。

由此看來，早在春秋戰國時代的外交舞台與上層社交場合，自讚自誇就已成爲極普遍的現象。可惜的是，後來的民間人際交往演變，卻逐漸形成了一種偏激而保守的傳統見解，視自謙自貶爲美德，視自讚自誇爲狂妄。

現代化開放風氣下，商品經濟發達，人際交往頻繁，新產品、新精神以及新行業、新知識和新人才不斷湧現，導致了競爭的激烈白熱化。若不懂得適度自誇，你的優點會有誰知曉呢？

務必要釐清一個觀念：自讚自誇與自吹自擂，兩者是截然不同的。前者以事實爲基礎，講究說話的方式方法，進行適當的藝術加工；後者則純屬不顧事實眞相牛皮、空話。

那麼，如何才能做到適度、聰明的自讚自誇？

自讚自誇的首要法則，要實事求是，符合實際情況，符合科學規律。誇大其詞達到違反常規的地步，只會降低可信度與效果。

其次，自讚自誇應有明確的目的。無論是招聘人才、購買商品，都有一定的規格、要求，若你的優點非對方所需，你的長處非對方所急，再高明的自讚自誇都無異於對牛彈琴。而要了解對方的所急所需，就必須事先進行調查，掌握眞實現況，做到知己知彼，心中有數。

再者，自讚自誇既可以直接出自本人之口，也可以轉借他人之口，最好還輔以如獎狀、獎品、名人評介、新聞傳播媒體的表彰等證明，增強可信度和說服力。

另外，最重要的，自誇千萬不可過度，以免引起聽者反感。最聰明的方式是做到小貶大褒、輕貶重褒，既體現實事求是的態度，又給人留下謙虛的好印象，全然無損自身形象。

我們當然不能否認謙虛的好處，然而，並不是身處任何場合、從事任何事情都適合謙虛。過度自謙退讓的說話態度，反而容易給人一種「沒用」的錯覺，實際上並不聰明。

談話藝術，男女有別

在一般的討論場合中，女人熱衷於提出更多的話題，男人則正好相反，習慣於嚴格控制談話主題。

男女有別，將這句話引申到語言上也同樣適用。了解男女之間的語言差異，會使你在人際交往上更胸有成竹、左右逢源。

首先，在說話表現上，男女兩性間存在一個極明顯的差異和特色：男人的講話時間比女人多。

或許乍聽有些難以置信，但事實確是如此。如果一個團體裡有男也有女，那麼男人的說話時間多半比較長，公開發言的狀況也比較踴躍，女人則傾向於私底下的個別交談。

在男女共同組成的團體裡，插話行為百分百是男性所為。如果團體本身只有男性或女性，則成員之間互相插話的比例相當。

不管說話者是男是女，女性聽眾比男性更會注視發言者。男人卻很有可能因此產生刻板印象，以為女人的這種行為是在刻意賣弄風騷。

儘管較少公開發言，女性的語言學習能力通常比男性快，並因為天生的語言優勢，容易在言語交鋒時佔便宜。

在一般的討論場合中，女人熱衷於提出更多的話題，男人則正好相反，習慣於嚴格控制談話主題。因此，女人常會覺得受到排擠或無聊，男人則認為女人浮躁善變、缺乏專注精神。

女人通常以持續的點頭動作來表示自己正專心聆聽，男人則只有在贊同對方的話時才會點頭。結果，男人常誤以為女性同意他的看法，女人則認為男性對她的話毫無興趣，根本無心聆聽。

此外，女人較常使用補充字眼，把事實的程度誇大化，例如，她們對任何人、任何事物都會說「很好」、「太棒了」、「眞不錯」。男人因此抓不住女性話中的重點，或者認爲這些話不可信，女人則覺得男人的聽力和理解力實在有問題，「孺子不可教也」。

不僅語言，男女說話時的情緒，也存在著相當明顯的性別差異，而長期以來，對於男女該有怎樣的情緒，使用什麼表達方法，有約定俗成的一套。

男性普遍較具攻擊性，會以激進的言詞和行爲來表現困惑、恐懼、痛苦，甚至愛意，相較之下，許多女人感到生氣時，反倒表現出微笑或迷惑的樣子。

確實，從傳統上來說，女性是比較情緒化的，但實際上，女性的表情和言語經常和內心感受的眞實情緒截然相反。

女人常常用生氣、激怒、抱怨等情緒掩蓋內心的幸福和喜悅，男人則常以外表的樂觀自大、不可一世掩藏內心的失落、自卑和寂寞。要注意到這些差異，不被言語或表情矇蔽、誤導，體察對方實際的情緒，給予正確的回應。

合適的言語特質讓你更受肯定

不僅要注意到男女語言的不同特質，掌握優點，更要進一步培養出能展現自身個性特點的說話方式。

每個人身上必定都有一些「特質」，它們可能是天生的，也可能是後天培養出來的。若能巧妙配合自身性別，塑造出合適的、容易被接納的言語特質，必能讓你更吃香。

●適合男性的言語特質

如果你是男人，想要說話鏗鏘有力、擲地有聲，就該培養出以下特點：

・豪爽

男性要性格豁達，語氣直率，語言粗獷，表現出豪爽坦誠的性格和品質。項羽的「力拔山兮氣蓋世」，劉邦的「大風起兮雲飛揚」，都顯示出男性語言粗獷率直的氣勢，讓聽者感受到強大的力度和氣度，深深被折服。

●理智

有句俗話說，感情是屬於女人的，而理智屬於男人。當然，這話並非百分之百正確，但在絕大多數情況下有相當可信度。即便是同一件事情，男性與女性的表述角度多有不同，女性重於感性，男性則重於理性。

●瀟灑

有的男人說話吞吞吐吐，不敢痛快地說出來，不能算是眞正的男子漢。乾脆俐落、灑脫豁達、直抒胸臆，這才展現出男性語言應有的瀟灑。

此外，語言邏輯的嚴密、語句的簡練準確等，也都是男性語言的重要特點。

●適合女性的言語特質

女人素來較善良溫柔，這種美德也體現在語言中。

身為現代女性，要在競爭激烈的社會中求生存發展，更應了解女性語言的特點，充分展示獨特魅力，從而使自己更具優勢，成為人見人愛的新女性。能充分展現女性魅力的語言態度，應滿足以下特點：

・理解

人天生就有一種心理需求，希望得到別人理解。而女性普遍比男性更富同情心，更善於體恤別人、與人進行心靈的溝通，以滿足對方的心理需求。飽含深深理解的語言，最能打動人心。大凡真摯不變的友誼、纏綿熱烈的愛情，都必須建立在相互理解的基礎上。

・溫柔

溫言細語、謙順溫和，是女性特有的語言風格，使人備感親切。有人說「女人不能弱，弱了被人欺」，因此出現了「罵街潑婦」，說話比男人還粗魯，這其實是捨近求遠，放棄了自身的優勢，轉而追求劣勢。只要運用得當，誰說溫柔不能是一種利器？

・含蓄

女性大多是含蓄的，與人交談時，常常不直陳意見和看法，而是拐彎抹角、正話反說，或者巧用寓意象徵、委婉迂迴，從而給人無限遐想空間。

這種說話方式有一個極大好處，就是避免了直接觸碰他人的痛處，因言語不愼而樹敵。

在提出不同意見、批評或拒絕時，尤爲重要。

• 多情

女性語言與男性語言的最大區別，是男性注重理，女性注重情。

多情是女性語言的一大特點，也是一大優勢。

飽含感情色彩的語言，在人際交往中，能喚起對方的情感，使雙方產生感情上的共鳴，促使關係更加緊密。

用多情的女性語言和丈夫或戀人交流，會使情感之花更加豔美；去安慰親朋好友，會更容易達到撫慰對方心靈的目的；去激勵同事，能使人產生極大的進取心和力量。

多情是女性語言的優勢，充分發揮，能產生意想不到的力量。

溝通模式越發多樣化且個性化，我們不僅要注意到男女語言的不同特質，掌握優點，更要進一步培養出能展現自身個性特點的說話方式。

有些節目主持人，在進行人物專訪時，爲了讓被訪者說出實情，並儘量地了解情況，言詞多相當犀利，令受訪者防不勝防。這就是他們的說話特色，也是言語魅力所在。

了解對方的語言特點，樹立自己的語言風格，有助於增添自身的社交魅力，達到戰無不勝的目的。

08

會說話，更要會聽話

有良好口才的人，
必須同時擁有良好的「耳才」，
很會說話的人，
同時必須是很會聽話的人。

會說話，更要會聽話

有良好口才的人，必須同時擁有良好的「耳才」，很會說話的人，同時必須是很會聽話的人。

談話時，大凡你一句我一句地講，你一段我一段地講，或者只講不聽、只聽不講，都不能算是真正的談話。

我們應該知道，想讓對方接受自己的說法，不僅只注重講，還包括了聽在內；不只是口的問題，更與耳脫不了關係。

當腦子裡有希望表達的思想產生，自己把它變成語言，經過口唇的動作發出聲音以後，還要經過對方的耳膜、耳神經，傳達到腦子裡，才算完成。但這時候，印在對方腦子裡的那一點意思，是不是跟最初自己所要表達的完全一致呢？這是擅長說話者最關心的課題。

追求說話能力的提升，不僅限於關心自己口中說出的話，更要理解對方腦子裡接收到的訊息究竟是什麼。

說穿了，一切關於口才的藝術，最後所追求的，就是自己的話在對方腦子裡所發生的印象及效應——要對方明白自己的話，相信自己的話，更願意照自己的話去行動。

你必定會問，要怎麼知道對方心裡在想些什麼呢？答案非常簡單，主要就是靠「聽」。要小心地聽對方講話，更要好好地練習如何聽別人說話，抓出對方眞正想傳達的意思。

一般人聽別人說話時，都是相當不仔細、漫不經心的，動輒漏聽或者誤解。因此，關於對方的認識，免不了流於片面，充滿錯誤。如此一來，怎麼能夠希望自己的話抓住聆聽者的心，引起興趣，甚且說中心事呢？又怎能針對他心中的疑慮，進行有效的解釋呢？

許多人都以為能夠滔滔不絕、口若懸河、一大套一大套地講個不完，就是有口才，但這想法並不正確。只顧著自己講，一點也不在乎別人聽了會怎麼想，這類人，即使講得很不錯，也不能說他的口才很好。

眞正擁有極佳口才者，並不一定講得很多，而是妙在能了解別人的心情和看法，三言兩語就使人感到佩服。

這種人的最大優勢，在善於聆聽。

你極有可能要問：「如果別人始終不開口說話，怎麼辦？」但口才很好的人就是有這樣的本事，使人說出自己的意見來。

會說話的人，不但自己會說，還擅長於聽，更有辦法使別人主動開口說話、高談闊論、暢所欲言、開誠佈公，甚至於推心置腹。

當然，只要有心，無論多麼複雜的東西，都有辦法學會。從最簡單的、最基礎的部份開始，持續不斷地練習，任何人都可以在對談進行過程中明確抓住別人的說話要點。

在別人說完一段話以後，我們應要求自己分析出這一段話的意思，主要涵蓋了哪幾點。試試把聽到的話記下來、轉述出來，告訴朋友或家人，如此將可以更有效率地提高自身的聽話能力，不僅抓住對方說話的細節，連講話的用語、聲調和表情都不放過。

有良好口才的人，必須同時擁有良好的「耳才」，很會說話的人，同時必須是很會聽話的人。

會說話的人，在說的時候，絕不只僅憑自己的意思一味地滔滔不絕。事實上他在未說之前、說的時候、說完之後，都對一件事情非常關心，那就是——自己的話在對方耳中聽起來，究竟如何。

不輕忽觀察與傾聽，說話能力更精進

一個口才好的人，不只用口，不只用耳，而且還要用眼。耳才與眼才兼備，才能讓口才達到真正完美的境界。

一個口才好的人，無論在自己說話的時候，或是對方說話的時候，總是隨時地留意著對方面部的表情、眼神、姿態，以及身體各部位的細微變動。

舉個例吧，在你說話的時候，如果對方兩眼忽然發亮，那是什麼意思呢？如果眼神好像很茫然的樣子，又是什麼意思呢？

如果聆聽者聽了某一句話，忽然笑出聲來，那是什麼意思呢？是開心的笑，還是不以爲然的笑呢？

如果對方打起哈欠來，如果對方的手指不安地亂動，甚至是暗暗把拳頭握緊……這些小動作，又可能代表著什麼？

自己說話時，要留意聽者的反應，聆聽他人當對方說話時，更是要把眼睛和耳朵都集中在對方身上。

一個人並不只用語言來傳達自己的思想感情，特別是一般人，對說話、文字運用，都沒有經過適當的訓練，說出的話常常不能恰當地表達心意，因此在言語無能為力時，就需要藉神態和動作來補充。

最明顯的例子，當他們感覺到自己說出的話不太正確的時候，常常會用力地猛搖幾下頭；而一面說一面點頭，則是因為很滿意當下正在說著的話；若是在說話的時候皺起眉頭，則代表他們不曉得說出的話是否正確，感到疑惑。

講話者的聲調，往往傳遞著重要訊息。同樣一句話，用不同的聲調來說，便象徵了不同的意義。

一句話裡面，將哪個字說得重一點，將哪個字說得輕一點，足以使這句話本身的涵義產生或大或小的變化。

可是，在聽人說話時，如果你只用上耳朵，沒有用眼睛去捕捉對方的動態表情，那無論你將對方聲調的變化把握得如何細緻精當，仍可能會漏掉許多可以用眼睛發現的重要消息。

許多人都有一種壞習慣，聽別人講話時，不是低著頭，就是兩眼望著別處，總不肯望著說話的對方。

如果問他們爲什麼要這樣呢？他們往往會回答說，我不覺得有去理會注意的需要，或者說，我覺得有點不好意思。

相對的，也有些人會用眼睛死死地盯著說話者，好像發現小偷或看見絕世美女一樣。這種態度同樣會使說話者感覺不舒服，並不妥當。

必須釐清一個觀念：問題的癥結點並不在於兩眼望人這件事本身，而在於你望人時的心理狀態。

用眼睛看人，固然有時候是在偵察，但更多的時候，是在認眞地注意對方說的話，是在熱切地關心對方，更是在誠懇地尊重對方，細膩地體貼對方。所以，用眼望人，在大多數場合是禮貌的，只要你對人無惡意之心，且充滿熱情，就不會害羞，也不至於無禮。

在練習口才，用口說話之前，必須先學習會用耳、用眼。用你的耳目去了解、把握、體貼對方，你口裡說出的話才會深入對方的心坎，這才是口才的最高成就。

時時提醒自己，想要提升自身具備的說話能力，先不要急於說，先聽，先看，聽人怎麼說，看人怎麼講。

一個口才好的人，不只用口，不只用耳，而且還要用眼。耳才與眼才兼備，才能讓口才達到眞正完美的境界。

聽話的才能和修養，影響極廣

生性較神經質、苛刻的人，會從他人講話與聆聽的態度，判斷誰對自己友善、誰又抱有敵意。

所謂談話，必須在講話者和聽話者雙方同時存在的狀況下才能進行，可儘管如此，並不保證一定能夠談得順利。

不知你是否注意到一個有趣的現象：愛講話的人，往往會對愛聽他講話的朋友特別親近，若換成兩個同樣口若懸河的人湊在一起，便難保不發生衝突。

不妨想想，這是爲什麼呢？

道理很簡單：喜歡說話的人多，願意傾聽的少。

若把會說話當成一種才能，那麼，聽話則既是一種才能，又是一種修養。西方大部分都喜歡「聽話」的人，東方人更覺得「聽話」的人好相處，它是虛心、尊重的象徵，更是虛懷若谷的好品德。

常言道：「眼睛比嘴巴更會說話。」觀察別人在聽話時做出的表情和反應，是達到感情交流的重要手段。

曾有專家針對來自五種不同文化環境的學生展開研究，得出相當有趣的結果：儘管他們彼此說著不同的語言，幾乎不能溝通，卻能準確地辨認出對方臉上代表幸福、厭惡、驚訝、悲哀、憤怒和恐懼的表情。

透過這項研究，可以知道，人即便不說話，也能藉臉上的神色傳遞出自己心中的想法，包括喜愛、悲傷、驚喜、遺憾等感情。

接下來，讓我們更深入了解「聽話」能帶來的幾大好處：

● 聽話的耐心——交際中佔得便宜

幾位大學畢業生坐在小會議室裡，正在接受新單位的工作分配。人事經理上台簡要地介紹公司情況，此時，畢業生小姚由於已從其他資訊管道獲悉自己將被分配到外銷部工作，因此對經理冗長的介紹滿不在乎、東張西望，甚至偷偷地把隨身聽的耳機戴上，放起音樂來。

不料，就在此時，經理突然宣佈分配方案將有改動，第二天，小姚被告知改到待遇較差的儲運部報到。

他對工作的突然變動感到迷惑不解，實際上，問題就出在他聽講時所表現出的不耐煩態度上。

聽人講話時，要像自己對別人說話一樣，保持飽滿的情緒，專心致志地理解對方講述的內容，即使你覺得內容過於囉唆沉悶，或已經聽懂要表達的意思，也應出於尊重，認真聽下去。

如果對象是老朋友，你可以適時插入其他話題，引導談話轉向，往彼此較感興趣的內容發展，但對於初識或是在重要的交際場合，不可輕易這樣做，以免失禮。

●聽話的謙虛——贏得美名

人際交往的主要功能是情感交流，但在過程中，又不能過於感情用事。

許多年輕人都有一個毛病，就是過於自我，不尊重他人，經常不顧場合就打斷別人的談話，自己接下去亂發揮一通。這是非常沒有禮貌的一種表現，殺傷力極大，尤其忌諱在與長輩、上司、師長的談話中發生。

如果「雄辯是銀，沉默是金」的說法確實正確的話，身處有經驗或者富見識者在座的場合，不妨扮演一名熱情的聽衆就好，因爲這不失爲一個能獲得知識、增長見識的良機。

歐美先進國家的談吐心理訓練中，有兩項內容必不可少，第一是講話的分寸與風度，第二就是學會在合宜的時機作稱職的聽衆。

善於傾聽的人，最先也許不大受人重視，不大引人注意，但後來必能受人尊敬。展現出傾聽的雅量，不僅使人覺得你謙虛好學，更使人對你內蘊不露的才能產生敬畏，有利無害。

• 聽話的呼應——顯現你的才氣

一邊聽人家講話，一邊做與談話無關的事，是不尊重的表現，因此，不論面對的是地位比自己高或是低的人，都要會心聆聽。當然，偶爾回應一兩句話是很好的，這種積極的呼應，說明你對話題相當留心且具有興趣。

當一個人在講話的時刻，必定無時無刻不關心周遭聽眾的反應。生性較神經質、苛刻的人，會從他人講話與聆聽的態度，判斷誰對自己友善、誰又抱有敵意。與人談話時，不時發出聽懂、贊同的聲音，或有意識地重複某句重要的話，都足以讓對方不自覺地對你產生好感。

很多時候，會心的笑聲等同於一種讚許，傾心聆聽的表露。適度運用，能夠幫助你在與人交流時取得更高的印象分數。

聽話，其實比講話更能體現出一個人的才能和修養。

抓出聽與說之間的平衡點

想要在與人交往時佔優勢、吃香，就要抓好沉默與健談的分際，找到最適宜的平衡點，不說不適宜的話。

多說招怨，瞎說惹禍，絕對不是危言聳聽。正所謂言多必失，多言多敗，適度保持沉默才不至於出錯，因爲這是不傷人的最好方法。

一個冷靜的傾聽者，不但受人歡迎，且能獲取有利訊息。相對的，喋喋不休的人則像一艘漏水的船，凡不愼搭上的乘客，無不希望趕快逃離。

言語是一把雙面刃，產生的影響力究竟是好是壞，由運用方式決定。

話多不如話少，話少不如話好，多言不如多知。即使千言萬語，也不及一件事實留下的印象那般深刻。多言是虛浮的象徵，因爲口頭慷慨的人，行動一定吝嗇，說話極隨便的人，必定不具備責任心。

一個話說得少而且說得好的人，可被視爲紳士。因此，在我們的人生中，有兩種教訓是不可少的，就是沉默與優雅的談吐。不會機智地談吐，又不懂適時保持沉默，將造成很大的缺憾。

我們都希望擁有好口才，卻也常因話說得太多而後悔，所以，當你對某事沒有太深刻了解的時候，還是保持沉默吧！

當然，沉默不能過分，否則將產生溝通障礙。

少說話固然是美德，可是，人既然在社會中生活，就免不了得說話，而不能完全不說話，不然跟啞巴沒兩樣。

由此，產生另一個問題：既然要說話，該怎麼說才好？

在任何地方、場合，要說話時，最好多說自己經歷過的感慨之言，說心靈深處的衷心之語。說自己有把握的話、說能夠啓迪人的話、說能警戒人的話、說能教育人的話、說溫暖的話、說能使人排憂解難的話。

由此延伸，自身沒把握做到的話不要說、言不由衷的話不要說、傷人的話不說、無中生有的話不要說、惡言惡語不要說、傷感情的話不要說、造謠的話不要說、粗言穢語更不要說。

若是到了非說話不可的重要關頭，你所說的內容、意義、措詞、聲音、姿勢，都必須加以注意，什麼場合，應該說什麼、怎樣說，都要先進行研究。

無論是探討學問、接洽生意、交際應酬、娛樂消遣，從我們口裡說出的話，一定要有重心，更要具體、生動。即便不能達到「不鳴則已，一鳴驚人」的境界，但只要朝這個目標努力，必定會有所發展，得到收穫。

必須知道，想了讓你說出的每一句話確實被人重視，不使人討厭，唯一的秘訣就是說適量的、恰當的話。說出適量的話，能使你擁有較充裕的思索時間，使言語更精采、動人。

在學習保持適度沉默同時，也該要求自己成爲一名好聽衆。

作一個有耐心的聽衆，是談話藝術當中一項重要條件。能靜坐聆聽別人意見的人，必定富於思想並具有謙虛溫和性格，會是受歡迎、被尊敬的角色。

成爲一名好的聽衆，必須滿足以下幾個條件：

首先，必須眞誠。別人和你談話的時候，你的眼睛要注視著對方，無論對方的身分地位多高或者多低，這個大原則都不改變。只有虛浮、缺乏勇氣或態度傲慢的人，才不正視別人。

別人對你說話時，不可同時做著一些不必要的工作，一方面，這是不恭敬的表示，另一方面，若他在發話途中偶然問你一些問題，你將極有可能因爲不留心而無法恰當地給予回應。

其次，傾聽別人的話時，偶然插上一兩句回應是很好的，不完全明白時，提出疑問也是非常需要的，因爲這樣做正表示了自己對交談的重視與誠意。但不可把發言的機會搶過來，滔滔不絕地說起來，除非對方的發言已明確地告一段落，或明示你可以接過話題，才能這樣做。

另外，無論他人說什麼話，最好不要隨便糾正當中的錯誤，若不慎因此引起對方的反感，你就算不上是一個好聽衆。無論是提出意見或批評，都要講究時機和態度，避免過於莽撞，將好事變成壞事。

有些人常喜歡舊事重提，把一件已經對你說過好幾次的事情說了又說，這通常是深埋在他心裡最難忘的事情，或比較得意，令他高興，或者比較傷心，令他不快。

也有些人會把一個笑話重複多次，還自以爲新鮮有趣。

這種情況下，作爲一個聽衆的你，要培養出忍耐的美德，千萬不能對他說，你已對我說過好幾遍了，否則將嚴重傷害對方的尊嚴。你唯一應該做的，是耐心地聽下去，不要表露出厭煩，以博得好感和信任。

如果說話者滔滔不絕，你卻毫無興趣，覺得用時間和精力去應酬他十分不值得的時候，應該用更好的方法使對方停止乏味的話題，並謹守不傷害自尊、尊嚴的原則。

最好的方法，是巧妙地引開現下進行的話題，談點別的，而這個別的話題，最好是他所內行的或是所喜歡的題目。

一個人是健談好，還是沉默好？

事實上，兩種都好，也都不好。想要在與人交往時佔優勢、吃香，就要抓好沉默與健談的分際，找到最適宜的平衡點，不說不適宜的話。

不願低頭道歉，將與人越行越遠

犯了錯後只一味替自己辯白，這種做法絕對是錯誤的，將導致人際關係陷入困境。高明的道歉，比拙劣的強辯好上百倍。

人人都會犯錯，這種時候，及時承認是最聰明的做法。與其等別人提出批評、指責，還不如主動認錯、道歉，更易於獲得諒解和寬恕。

眞心實意地認錯道歉，不必強調客觀原因，做過多不必要的辯解，就算確有非解釋不可的客觀原因，也須在誠懇的道歉之後再略爲解釋，而不宜一開口就辯解不休。否則，道歉不但不利於彌合裂痕，反而會擴大裂痕，加深隔閡。

當對方正處在氣頭上，好說歹說都聽不進時，最好先透過第三者轉致歉意，待對方火氣平息之後，再當面道歉。

如雙方僵持不下，勢必兩敗俱傷。不妨由當中一方先主動表示歉意，較有可能打破僵局，化緊張爲和諧，乃至化「敵」爲友。

誠心的道歉，應語氣溫和，坦誠而不謙卑，目光友好地凝視對方，並多用如「包涵」、「打擾」、「得罪」、「指教」等禮貌詞語。

道歉的語言，簡潔爲佳，只要基本態度表明，對方也通情達理地表示諒解，就切忌囉嗦、重複。

如果你覺得道歉的話難以出口，可以用其他方式代替。夫妻吵架後，一束鮮花能冰釋前嫌；放一件小禮物在餐碟旁或枕頭下，可以表明悔意，以示感情不渝。此外，即便不交談，握手也可以傳情達意。

無論如何，千萬不要低估「道歉」之妙。

有些過失是需要口頭表達歉意才能彌補的，也有些過失不但需要口頭表示歉意，更需要改正的實際行動。不管是何種情況，改正過失的行動，都是最眞誠、最有力、最實際的道歉。

當然，如果你沒有錯，就不要爲了息事寧人而向人道歉。這種沒有骨氣的道歉，對任何人都沒有好處。同時，要分辨清楚深感遺憾和必須道歉兩者的區別。比如你是主管，某一位部屬不稱職，勢必將其革職不可，對這種事，你可以覺得遺憾，但不必道歉。

堅信自己一貫正確，從不認錯、道歉的人，根本交不到朋友，或易交難處，缺乏知心朋友。

有人認爲口才好的人不該低頭道歉，因此犯了錯後只一味替自己辯白，這種做法是錯誤的，將導致人際關係陷入困境。

高明的道歉，絕對比拙劣的強辯好上百倍。

小小玩笑，學問不得了

幽默是人生的調味，沒有幽默，人際關係必定難以順暢建立。但是，幽默要用在正確的地方，否則可能收到反效果。

人際交往中，開個得體的玩笑，可以鬆弛神經，活絡氣氛，創造出適於交際的輕鬆愉快氛圍，因此，詼諧的人多能受到歡迎與喜愛。

但是，開玩笑並非簡單的事情，若是玩笑開得不好，則可能適得其反，傷害感情，讓場面難堪。

開玩笑時，要掌握好以下分寸：

- **內容要高雅**

笑料的內容，取決於開玩笑者的思想情趣與文化修養。

內容健康、格調高雅的笑料，不僅給對方啓迪和精神享受，也是對自己美好形象的有力塑造。

某次，鋼琴家波奇在一次演奏會上，發現全場有一半的座位空著，於是對聽眾說：「朋友們，我發現這個城市的居民都很有錢，因為你們每個人都買了兩到三個座位的票。」

聽眾一聽，無不放聲大笑。波奇巧用無傷大雅的玩笑話扭轉了尷尬氣氛，使自己反敗為勝。

●態度要友善

與人爲善，是開玩笑的一大原則。

玩笑的過程，象徵了感情的互相交流傳遞，千萬不要藉著開玩笑對別人冷嘲熱諷，發洩內心厭惡、不滿的感情，因爲到頭來吃虧的還是自己。

也許有些人不如你口齒伶俐，表面上讓你佔得上風，但會在心裡認定你不懂尊重人，不願再與你交往。

同樣一個玩笑，能對甲開，不一定能對乙開。人的身份、心情不同，對玩笑的承受能力自然有差異。

●對象要區別

一般來說，後輩不宜和前輩開玩笑，下級不宜和上級開玩笑，男性不宜和女性開玩笑。

與同輩開玩笑，則要掌握對方的性格特徵與情緒，免得得罪人。

若對方性格外向，能寬容忍耐，即便玩笑稍微過火也多能得到諒解。相對的，若對方性格內向，喜歡琢磨言外之意，開玩笑時就應愼重。

此外，儘管對方平時生性開朗，但如恰好碰上不愉快或傷心事，就不能隨便與之開玩笑。相反，對方性格內向，但正好喜事臨門，抓準時機與他開個小玩笑，效果會出乎意料地好。

•場合要分清

美國總統雷根曾經因爲誤開玩笑，爲自己招致不必要的麻煩。一次，在國會開會前，爲了試試麥克風效果，他不假思索，張口便說：「先生、小姐們請注意，五分鐘之後，美國將對蘇聯進行轟炸。」一語既出，衆人譁然。之所以引起負面回應，正是因爲雷根在錯誤的場合、時間裡，開了一個極爲荒唐的玩笑。

總體來說，在莊重嚴肅的場合，不宜開玩笑。

不可諱言，幽默是人生的調味，沒有幽默，人際關係必定難以順暢建立。但是，幽默要用在正確的地方，否則可能收到反效果。

認識向人說不的好「撇步」

外交官們在遇到不想回答或不願意回答的問題之時，總是用一句話來搪塞：「無可奉告。」

拒絕，總是想起來容易，說起來難。

當我們想拒絕別人時，心裡總是想：「不，不行，不能這樣做，不能答應！」可是，嘴上卻含糊不清地說：「這個……好吧！可是……」

這種口不應允也不回絕的做法，一方面是怕得罪人，另一方面，也是因爲自身不懂得如何拒絕，不知道怎麼說才好。

現在，讓我們一起來學習說「不」的竅門：

●用沉默表示「不」

當別人問：「你喜歡這部電影嗎？」你心裡並不喜歡，又不想直接表態，便可以保持沉默，或者一笑置之，對方即會明白。

又例如，一位不大熟識的朋友邀請你參加晚會，送來請帖，你可以不予回覆，這行爲本身就說明了你沒有參加的意願。

●用拖延表示「不」

一位男性想和妳約會，如果妳本身沒興趣，便可以回答：「改天再約吧！我最近都很忙，不是很有時間，眞抱歉。」

一位客人請求身爲飯店服務生的你替他換個房間，你可以說：「對不起，這得值班經理決定，他現在不在。」

你和妻子一塊上街，妻子看到一件漂亮的衣服，很想買，你可以拍拍口袋說：「糟糕，我忘了帶錢包。」

有人想找你談話，你馬上低頭看看手錶，接著說：「對不起，我還和人有約，改天行嗎？」

以上種種，都是藉拖延表示拒絕的好方式。

● 用迴避表示「不」

朋友邀你去看了一部拙劣的動作片，離開電影院後，朋友問：「你覺得這部片子怎麼樣？」

此時，你可以婉轉地回答：「我想我更喜歡抒情點的片子。」

● 用反詰表示「不」

你和別人談論近期社會百態，對方問：「你是否認爲物價上長過快？」

你可以巧妙地反問：「那麼，你認爲增長太慢了嗎？」

● 用客氣表示「不」

當別人送禮品給你，而你又不能接受，如此情況下，可以用以下幾種方式客氣地回絕：一是說客氣話；二是表示受寵若驚，不敢領受；三是強調對方留著它會有更多的用途。

●用外交辭令說「不」

外交官們在遇到不想回答或不願意回答的問題之時，總是用一句話來搪塞：「無可奉告。」

生活中，當暫時無法說「是」與「不是」時，也可用上這句話。

除此以外，還有一些話可以用來搪塞，諸如「天知道」、「事實會告訴你的」、「這個嘛……難說」等等。

當不好意思說「不」的時候，請恰當地運用上述方法吧！

但是，在處理重大事務時，容不得半點含糊，還是應當明確地說出「不」字。一個口才出眾者，應當具備果斷拒絕的能力。

09

期望會説話，先學著少説廢話

諺語是詼諧而有說服力的短句，
談話時套用個幾句，
有畫龍點睛的效果，
但用太多也不好。

戰勝咄咄逼人的談話對手

當對方的問題很難回答、角度很刁，回答肯定、否定都可能出差錯時，不如不要回答，設法把問題還給對方。

很多人都害怕和咄咄逼人的對手交談，認爲這是一種相當可怕、難以應付的談話態度。

確實如此，咄咄逼人的談話者，一般是有備而來，或是對自己的條件估計得比較充分、有信心取勝。他們的談鋒多是指向一個地方，對要害部位實行「重點攻擊」，使聆聽者打從一開始就處於被動位置。

碰到這樣的人，難道就只能被動地挨打嗎？當然不是。對付咄咄逼人談話者的辦法相當多，根據情況的不同，有以下數種：

●後發制人

後發制人是使自己站穩腳跟的最有效辦法，中國人最善此道，古代哲學中，有相當多關於「以靜制動」、「反守爲攻」的論述。

相信大多數人都有類似經驗：先把拳頭縮回來，直到看準了對方，再猛烈地揮出，打得最準。

可以說，這就是後發制人的眞義。

採用後發制人策略，在以下兩種情況下施行反攻，最爲有效：

●當對方已經不能自圓其說的時候

咄咄逼人的人，開始時鋒芒畢露，也許你根本找不到他的破綻。但是，你應該抱著這麼一種觀念——他總有不攻自破的地方，總是有軟弱的地方，只是還沒被發現而已。

等待時機，一旦鋒芒收斂，想作喘息、補充，就可以全力反攻。

● 當對方山窮水盡的時候

當對方進攻完畢，而後發現你身上根本沒有半點「傷口」，先前的鋒芒所指，根本是微不足道的小錯誤，或者打擊的部位不夠全面，無法從本質上動搖你，必定會走到「山窮水盡」。

對手技窮時，就是你反守為攻的最好時機。

● 針鋒相對

針鋒相對，即是以同樣的火力進攻。

對方提出什麼樣的問題，你立即給予十分肯定或否定的回答，絲毫不退讓，一點也不拖泥帶水，使對方無理可言。

● 裝作退卻

假如對方的問話是你必須回答、不能推辭的，而又要對方跟著你的思路走，你可以裝作在第一方面退卻，誘使他乘機逼過來，趁勢將他帶遠，完全進入圈套中，然後再回過頭來反擊。

●抓住一點，絲毫不讓

有些時候，會遭遇幾乎無計可施的狀況。對方話鋒之強烈、火藥味之濃，使你無法反擊，他提出許多重大問題，你卻無法一一回答，該怎麼辦？

此時，應求迅速找到談話內容中的一個小漏洞，即使相當微不足道也無所謂，然後加以無限擴大，使不能再充分展開其他攻勢。

接著，你就抓緊這一點小問題，來回與他周旋，轉移焦點，爲自己爭取時間，想出應付其他問題的辦法。

●胡攪蠻纏

所謂胡攪蠻纏，是當你理虧，被對方逼到了死角，又實在不想丟面子時，可採用的非常手段。

胡攪蠻纏，就是把沒有理的說成有理的，把本來不相干的東西聯繫在一起，說成是息息相關的事物，把不可能解決的、不好解決的問題全部扯在一起，以應付連串進攻。

胡攪蠻纏是不得已下的非常手段，在某種程度上，必不正當，但不失爲一種自我保護的好方法，特別是當對方欺人太甚、絲毫不留情面的時候。

另一方面，胡攪蠻纏可以先拖住對方，以便爲自己爭取時間與空間，考慮眞正的解危辦法。

●把球踢給對方

把球踢給對方，這是談話運用中一個很普遍、實用的技巧。

當對方的問題很難回答、角度很刁，回答肯定、否定都可能出差錯時，不如不要回答，設法把問題還給對方。從哪個地方踢來的球，就再踢回到那個地方去，反將他一軍。

古時候，一位國王故意考問智者道：「人人都說你聰明，不知是眞是假？如果你能數清天上有多少顆星，我就同意你聰明。」

只見智者不慌不忙地回答：「如果國王陛下能先告訴我，我騎的毛驢有多少根毛，我就告訴陛下天上究竟有多少顆星。」

上述這則故事，正是「把球踢還給對方」的演繹。

●打擦邊球

打擦邊球，就是給予對方一個模稜兩可的回答，好像打乒乓球時打出的擦邊球一樣，看似出界，其實仍在範圍內。

面對咄咄逼人的追問，大可還以一個擦邊球式的回答，看起來與對方的問題不相干，幾乎沒有正面回答追問，但這樣的回答又確實與此有關，使對方不能對你進行無理的指責。

站穩立場，防守反擊，將以上幾種方法運用在說話中，必能大大提高言語威力，獲得勝利。

說話迷人，就能說服人

一句話若沒有抑揚頓挫，將流於平淡，引不起對方的興趣，添一些感歎詞，則能活化彼此對談的氣氛。

吸引人的談話，少不了動聽的音調和動人的傳遞方式。

有些談話者，雖然在內容上不佔優勢，但說話方式非常高明，傳遞出非常迷人、令人舒服的感覺，很快就得到別人認同。

不可諱言，不同的說話者就有不同的個性，每一次對話，都會因爲說話技巧的不同而得到不一樣的迴響、反應。

使對方願意傾聽的迷人說話技巧，具體而言，指的是以下幾種：

●說話風格動人

大多數人不喜歡晦暗的事物，就如同草木需要陽光才能生長。帶陰沉感的談話，會讓人產生疑慮、厭惡及壓迫等負面情感，可想而知，收效不會太好。

有些女性的說話聲音非常動人婉轉，使聆聽者覺得與她對話是一種享受，這樣的說話者，就是非常成功的。

擅長說話的人必定會注意自身的說話音量，並慎選說話的語氣，完全依自身的天賦、個性、場合及所要表達的情感而變化。

如果條件允許，不妨把自己說的話錄下來，仔細地聆聽，你很有可能會吃驚地發現，自己說話時竟有那麼多毛病，有那麼多需要立即改進的缺失。

如此經常檢查，說話技巧必定會不斷提高。

●語氣肯定

每個人都有自尊，很容易因爲某些微不足道的小事就感到自尊受損，並反射性地表現出拒絕態度。

所以，期望對方聽你說話，首先得先傾聽對方要表達些什麼。

所謂「說話語氣肯定」，並不是指肯定對方說話的內容，而是留心可能使對方受傷害的地方。

如果我們無法在內容上贊成對方的想法，可以說：「你所說的，事實上我本身也曾考慮過。」

然後再問：「那你對這件事有何看法？」

將判斷的決定權交出，並不僅只於單純地保護對方的自尊心，也是了解到自己並不完美的謙虛表現。

以這種形式說話，當然比較受歡迎。

•語調自然變化

比起故意做作，自然的聲音總是更悅耳。

你要注意，交談不是演話劇，無論採用什麼樣的語調，都應保持自然流暢，故意做作的聲音將使事與願違。

當交談的對象不是一個人，而是許多人時，可採用以下技巧：當前一個人的聲音很大，你在起頭時就可以壓低聲音，做到低、小、穩；當前一個音量小時，你一開始說話就該略提高嗓門，讓聲音清脆、響亮，以引起聽衆注意。

●習慣用法

人類生存在當今繁雜的社會環境中，對於語言，各自擁有不同的運用標準，一旦不符合標準，就會導致不協調的感覺產生。

語言運用是否合適，取決於語氣與措詞。

人際交往中，確實有必要根據實際情況或對方身分調整說話方式，使用最適當的語言。不分親疏遠近，一律以某一種態度說話，必將使效果大打折扣，非但不能有效傳遞自己的想法，甚至還會得罪人。

「太好了」、「好棒喲」、「眞可怕」，這都是一般女孩子說話時常會冒出來的感歎詞，也是感情洋溢的表現，能使說出來的話更具色彩、更吸引人。

一句話若沒有抑揚頓挫，將流於平淡，引不起對方的興趣，添一些感歎詞，則能活化彼此對談的氣氛。當然，幫對話「加料」必須適可而止，過多的感歎詞亦會抹殺掉言詞的可信度，使聆聽者分辨不出你要表達的真正意思。

將「冷」、「熱」這樣極平常的形容，加上適度修飾，變成「好冷呀」、「好熱呀」，不是更動人嗎？

●思路有條理

當先前的談話陷入爭論，欠缺頭緒時，你站出來講話，就要力求詞句簡短、聲音果斷，氣勢過人且富於條理。

此外，還有一個說話小秘訣：若必須在公開場合下與眾多參與者一同發言，你的發言順序最好不要夾在中間，要不在前面，要不就乾脆留待最後，給聽眾的印象才會深刻。

期望會說話，先學著少說廢話

諺語是詼諧而有說服力的短句，談話時套用幾句，有畫龍點睛的效果，但用太多也不好。

日常生活中，如果稍加留意，絕對會發現許多人在說話中存在一個明顯毛病，就是愛說些無關緊要、多餘的「廢話」。

雖然這些毛病的殺傷力不是太大，但如果不加以注意，不求有效改善，免不了降低談話效果。

一般人的交談，最容易出現以下幾種「廢話」：

● 多餘的贅語

不少人喜歡在交談中使用某些根本不必要的套語，例如，無論講什麼都加上一句「自然啦」或「當然啦」；另有一部分人動不動就要加上「坦白說」、「老實說」；也有人老是喜歡問別人「你明白什麼」或「你聽清楚了嗎」；還有人說沒幾句就會冒出「你說是不是」或「你覺得怎麼樣」……諸如此類，不勝枚舉。

這一類毛病，說話者自己可能一點不覺得，卻讓人感到相當困擾。若要克服，最好的辦法是請朋友時刻提醒。

•雜音

有些人能把話說得很好，卻偏要在言語之間摻上無意義的雜音。他們的鼻子總是一哼一哼地響著，或者喉嚨好像老是不暢通似的，輕輕地咳著，再不然，就是每句話開頭都加上一個拖長的「唉」，生怕他人聽不清楚自己要說的話一般。

這類毛病，多是習慣導致，只要拿出決心，絕對可以戒除。

●諺語太多

諺語是詼諧而有說服力的短句，談話之時套用幾句，有畫龍點睛的效果，但用太多也不好。

諺語用過頭，會給人一種油腔滑調、譁眾取寵的不良印象，不僅無助於增強說服力，反而使聽者感到累贅。

切記，只有將諺語用在恰當的地方，才能使談話生動有力。

●濫用流行字句

某些流行的字句，往往會被人不加選擇地亂用一番，「奈米」這個詞就是一個被濫用的好例子。什麼東西都牽強地加上「奈米」，不僅不能提高可信度，還會使人感到可笑。

●特別愛用某個特定詞

不知是因爲偷懶、不肯動腦筋尋找更恰當的字眼，還是有其他方面的原因，總有人特別喜歡用某一個特定的字或詞來表達各種各樣的意思，而不管這個字或詞本身是否合適。

濫用同一個特定詞彙，突顯了自身表達能力的不足，更使聆聽者感到迷惑、厭煩，必須避免。

平時就該盡可能地多記一些辭彙，並了解它們的眞正涵義，使自己的表達能力更精準且多樣化。

● 太瑣碎

過於瑣碎的談話，容易使聆聽者失去耐心。

例如，自己的經歷，本來最容易講得生動、精采，很多人也喜歡聽別人描述自身經歷。但是，許多人在講述過程中，會犯下過於瑣碎、不知節制的毛病，不分主次地說個沒完，好像自己的一切都很了不起，都有公諸於世的必要。可想而知，聽者會感到茫然無頭緒，很快就失去了興趣。

這樣的說話本事，無論可以把一件事情描述得多詳細，都不算高明。

講經歷或故事時，要善於抓出重點，並了解聽者的興趣究竟在哪裡。在重要的關節上講得盡可能詳細一些，其他地方，用一兩句話交代過去即可。

●過分使用誇張手法

誇張的手法多能達到引人注意的效果，不過，不能用得太過分，否則別人將無法信任你口中說出的話。

現實生活中，人不可能每次說的都是「非常重要」的消息，也不可能每次都講「極動人的」故事或「最可笑的」笑話，因此，不要動不動就用上「非常」、「最」、「極」等字眼，以免在聆聽者心中留下誇大不實的負面印象。

改掉說「廢話」的毛病後，還應該注意自己在談話中的聲調、手勢、面部表現，努力使各方面協調、得體。這樣，就能大大增強言談的吸引力，藉言語在人際交往中無往不利。

聲音完美，更具成功機會

語言的威懾和影響力，與聲音的大小沒有連帶關係，不要以為大喊大叫就一定能說服並壓制他人。

期望自己的言談本領更高明、更具吸引力，必須同時要求說話方式與內容，力求使雙方面都得到提升。

那麼，該如何讓聲音更具吸引力呢？

期望使聲音更完美，應掌握以下技巧：

- **注重自己的說話語調**

語調能反映出說話者的內心世界，包括想法、情感和態度。

當感到生氣、驚愕、懷疑、激動時，你表現出的語調必定無法自然。因此，透過語調，人們可以感覺出你是一個令人信服、幽默、可親可近的人，還是一個呆板保守、具挑釁性、好阿諛奉承或陰險狡猾的角色。

同理，語調也能反映出你是一個優柔寡斷、自卑、充滿敵意的人，還是一個誠實、自信、坦率並能尊重他人的人。

無論正談論什麼樣的話題，都應力求讓說話語調與所談及的內容互相配合，並恰當地表明自己對某一話題的態度。

要做到這一點，語調必須滿足以下條件：

1. 向他人及時、準確地傳遞自己所掌握的資訊。
2. 得體地勸說他人接受某種觀點。
3. 倡導他人實施某一行動。
4. 果斷地做出某一決定或制定某一規劃。

• 注意自己的發音

我們說出的每一個詞、每一句話，都是由一個個最基本的語音單位組成，然後再加上適當的重音和語調。

正確且恰當的發音，有助於準確地表達思想，使你心想事成，是提高言詞表達說服力的一個重要元素。

而達成一切的基本，就是清晰地發出每一個音節。

不良的發音有損於形象，更有礙於展示自身思想和才能。若說話時發音錯誤且含糊不清，表明自身思路紊亂、觀點不清，或對某一話題態度冷淡。當一個人本身不具備激勵能力卻又想向他人傳遞資訊時，通常如此。

令人遺憾的是，許多管理人員經常有發音錯誤的毛病，甚至還帶有發音含糊的不良習慣。他們養成了自以爲是的一種老闆式說話腔調，講話時哼哼嗯嗯、拖拖拉拉，還以此得意，認爲體現出了自身的威嚴及與衆不同。

但看在別人眼裡，眞的是這麼一回事嗎？

可想而知，當然不是。結果極有可能適得其反，因爲這種「官話」會使下屬感到極不自然，從而產生一種本能上的抵制情緒。

●不要讓發出的聲音刺耳

人的音域範圍可塑性極大，有的高亢、有的低沉、有的單薄、有的渾厚。說話時，你必須精準地控制自己的音量與音高，因爲音量大小和音調高低不同，象徵的意義便不同。

高聲尖叫意味著緊張驚恐或者興奮激動，如果說話聲音低沉、有氣無力，則會讓人感覺缺乏熱情、沒有生機，或者過於自信，不屑一顧，更可能讓人感覺到你根本不需要他人的幫助。

當我們想使說出的話題引起他人興趣時，多會提高自己的音調。有時，爲了獲得一種特殊的表達效果，也會故意降低音調。無論如何，應力求在音調的上下限之間找到恰當的平衡。

●不要用鼻音說話

與人對談過程中，我們可能經常聽到諸如「姆……哼……嗯……」之類的發音，這就是鼻音。

應避免用鼻腔說話，因爲極有可能讓聽者感到難受。

使用鼻腔說話，會讓聲音聽起來似在抱怨、毫無生氣、十分消極，無法在別人心中留下好印象。

如果你想讓自己所說的話更具吸引力和說服力，期望自己的語言更富魅力，從現在開始，請避免使用鼻音。

●控制說話的音量

內心緊張時，發出的聲音多會較尖且高。

但是，語言的威懾和影響力，與聲音的大小沒有連帶關係。不要以爲大喊大叫就一定能說服並壓制他人，事實上，聲音過大只會迫使他人不願聆聽，甚至產生厭惡情緒。

與音調一樣，每個人說話的聲音大小也有一定範圍，不妨試著發出各種音量大小不同的聲音，從中找出最爲合適者。

● 充滿熱情與活力

響亮而生機勃勃的聲音，給人充滿活力與生命力的感覺。你向某人傳遞資訊、勸說他人時，這一點能產生重大的影響力。人在講話時，自身情緒、表情和說話的內容一樣，能帶動、感染每一位聽衆。

● 注意說話的節奏

節奏，即由說話時的發音與停頓所形成、強弱有序且富週期性的變化。

日常生活中，大多數人根本不考慮說話的節奏，更輕忽了說話時不斷改變節奏以避免單調乏味的重要性。

節奏的重要性，可以從以下事實看出：每一種語言都有獨特的重音和語速，法語不同於德語，英語不同於西班牙語，漢語又不同於英語。

此外，人們容易認爲詩歌與散文的節奏有很大差別，其實兩者的相對區別在於規則與不規則的重讀上。詩歌具有規則的、可把握的重音，相較之下，散文的形式則是不規則的。

當人們處於壓力之下，便會不由自主地使用一種比散文更自由，或者說更無規則的節奏講話。

●注意說話的速度

語言交流過程中，講話速度快慢將影響資訊的傳遞效果。速度太快，就如同音調過高，給人緊張和焦慮感。一個說話太快的人，必定會有某些詞語模糊不清，使他人在接收上產生困難或誤解。

當然，並不是放慢速度就一定比較好，因爲相對的，速度太慢，表明你領會遲鈍，容易使人心生不耐。

努力維持恰當的說話速度，不要太快也不要太慢，並在說話過程中不斷地視對方反應做調整。說話的內容和聲音都是十分重要的，找出讓自己把話說得更完美的方式，無疑是贏得人心的最好方法。

想把話說好，「佐料」不可少

在不同的場合、出於不同的需要、面對不同的對象，說話速度理所當然要有所差異，以求適應環境。

就像任何一道好菜必定少不了調味料點綴、提味一樣，想要把話說好，「佐料」絕對不可少。

語調是說話不可缺少的「佐料」，一種聲音的技巧。即便語句相同，只要語調不同，就表達了不同的意思。

現實生活千變萬化，造就出千種甚至萬種的說話語調，表達了豐富的感情，或高昂熱烈、歡暢明快；或低沉舒緩，溫和穩重。語調不僅強化了內容，也揭示了說話者的情緒與心境，是一種奇妙的暗示器。

別小看了語調能帶給人們的印象，美國《今日秘書》雜誌中，一篇題為《你的語調會妨礙你的前途嗎》的文章，便曾以舊金山一位辦公室女士的經歷為例，說明說話語氣的重要。

最開始，這位女士剛從一所有名的商業學校畢業，具備作為一位辦公室人員應具備的各種知能。她首先受雇於一家大公司，想不到上班剛滿兩星期，忽然接到通知，說她那刺耳且鼻音過重的語調使雇主不勝其煩，決定解雇。

這位失業的女士大受打擊之餘，立刻弄來一部答錄機，對照自己的發音，反覆聆聽、矯正，終於能用較為悅耳的語調說話，並且很快又謀得了一個理想職位。

正可謂成功在此，失敗亦在此。

挑選辦公室工作人員當然不能僅憑語調論優劣，決定去留，但人在說話時不能恰當地運用語調，確實是令聽者不快的事。

語調運用要準確恰當，應根據情境的需要，確定基調。比如，下級跟上級說話，一般是謙恭、平和的語調；上級對下級說話，一般用沉穩、溫和的語調；平輩之間說話，應是親密、爽快的語調。在莊重的場合，應多用嚴肅、鄭重的語調；在歡樂的場合，應多用輕快、喜悅的語調。

大凡善說者，必定重視語調的選擇，力求運用得體，或娓娓而談，如潺潺流水；或慷慨激昂，如江河奔流，將思想感情淋漓盡致地表達出來。

說話要有基調，不能從始至終保持不變，否則過於單調乏味，好比在鋼琴上不停地彈奏同一音符一樣，令人心生厭煩。

根據內容的需要，靈活地變化語調，抑揚頓挫、起伏跌宕、聲情並茂，才會引起聽者興趣，收到效益。

另外，講話還要掌握語速，作爲一種說話技巧，往往易被人忽視。說話忽快忽慢，快慢錯位，不善於運用語速技巧，就會影響表達效果。

交談中，聽的速度要比說的速度快。如果說話速度過慢，經由耳朵傳到人腦的資訊間隔時間太長，即會導致思想出錯，橫生枝節或誤解。

另一方面，人們的「感知」速度又比說話速度慢，如果語速過快，吐詞如連珠炮，經由耳朵傳至大腦的資訊過於集中，又會導致應接不暇、顧此失彼，甚至精神緊張。

在不同的場合、基於不同的需要、面對不同的對象，說話速度便理所當然要有所差異，以求適應環境。

當情況緊急、工作緊張，或者心情緊迫時，需要在較短時間內表達主要意思，語速就要快些；情緒激動時，或興奮，或惱怒，也會不由自主地加快語速；爲了加強語勢，引起聽者注意，也需要讓語速更快。

說話內容也影響語速。無關緊要的事，語速快慢皆無妨，若是說到重要的、需強調的內容，則應適當放慢速度，讓人聽得清，便於理解。

說話對象也制約著語速。當對象是老人、孩子及文化素質不高者，語速要適當放慢；若聆聽者較年輕，聽辨能力強，或是個急性子，語速不妨加快些。一般情況下，以中速爲宜。

應在說話前先確定基本語速，而非從頭至尾只有一個速度、一種節奏。「和尚念經」不是好的說話方式，根據語境變化而調整語速才是正確的。

語速就跟聲調一樣，按一定節律變化，即構成特殊的節奏美。透過語速的變化，可以淋漓盡致地表達說話者的感情。

說話時要掌握好語速，何時快，何時慢，何時停頓，應恰當自如地做調整。善用語速技巧的人，無疑會增添說話的吸引力，給人以穩重、自信之感。

當快則快、當慢則慢，就是掌握語速技巧的眞諦。

內涵紮實，言語更添魅力

若不想說話空洞無物，就應下決心積累大批的、雄厚的、紮實的本錢，從充實內涵開始，讓說話的內容豐富起來。

口才，反映了一個人的學識水準、思辨能力。要想使自己的語言具有藝術魅力，光靠技巧是不夠的，一味地追求技巧而忽略自身的素質培養，等同於捨本逐末。我們在學習語言技巧同時，還應全面提高自身的學識修養。

有人說，在這個世界上，唯一可以依靠的人就是自己。想有好口才，在於平時的積累和鍛鍊。因爲言語必須以生活爲內容，先有實踐經驗，才有談話的基礎，並使對話內容充實、豐富。

對於世事、國事，都要經常關注，吸取對自己有用的資訊。對於所見所聞，都要加以思考、研究，儘量去了解發生的過程、意義，從中悟出道理。凡此種種，都是學習並積累知識的好機會。

若不想說話空洞無物，就應下決心積累大批的、雄厚的、紮實的本錢，從充實內涵開始，讓自己說話的內容豐富起來。

以下，介紹一些積累談話素材的方法：

•隨時記錄好話

日常生活中，我們每天都離不開網路和電視。不妨把讓自己心動的好話記下來。每天堅持，哪怕一天只記一、兩句，也是很有意義的。

日積月累，在談話的時候，會不經意地用上曾抄下來的語句，它們可能會突然地從你的頭腦裡冒出來，給你一個意外的驚喜。

•積累警句、諺語

聆聽別人的演講或談話時，隨時都可能捕捉到表現人類智慧的警句、諺語。把這些話在心中重複一遍，記在本子上，久而久之，談話的題材、資料將越來越多，使你的口才越來越成熟，說起話來條理清楚，出口成章。

●積累談話素材

對於談話的題材和資料，一方面要認眞地去吸收，另一方面要好好地加以運用。懂得運用，一句普通的話也可以帶來驚人效果。

千萬要建立一個正確觀念：不能應用的吸收毫無意義。

●提高觀察、思考問題的能力

有觀察、思考問題時的敏銳眼光，有豐富的學識和經驗，有大大增強的想像力、敏感性，就能提高自己的口才。

隨著口才的提高，生活必將更豐富多彩，從個人的個性品質到各方面能力都將得到顯著提高，從而成爲一名無往不利的社交能手。

讓好的開始帶來成功的一半

> 談話的開頭先搬出一件令人震驚的事實，能夠在最短時間吸引聆聽者的注意力，引發追根究柢的「懸念」。

一個優秀的談話者，會設法在開口同時就抓住聽眾的心，牢牢吸引住他們的注意力，以求收取最大效益。

因此，有志於提升口才者，應用同樣的標準來要求自己——與人談話時，要在一開頭就展現出磁鐵般的吸引力，抓牢聽眾。

下面提供一些方法，不妨試試：

• 從故事開始說話

一般來說，最普遍使用的材料，有幽默笑話和較一般的故事。幽默的故事不可妄加使用，除非講話的人確實有幽默的秉賦，否則效果不會太理想，還可能流於尖酸。

而後一類故事，有具體生動的情節，多能達到吸引聽眾的目的。

●從展示物品開始說話

展示物品可以是一幅畫、一張照片或一件其他實物，只要有助於闡述思想就行。甚至直接在一張紙上寫幾個字，也能引起話題。

●用提問方法開始說話

藉提問展開話題，聽者就會按提出的問題進行思考，從而產生想要知道正確答案的慾望。

●用名人的話開始說話

縱橫政界、商界、社交界的名人，在一般人的心目中是崇拜的對象，他們的話多有一種強烈吸引力。

●用令人震驚的事實開始說話

談話的一開頭先搬出一件令人震驚的事實，能夠在最短時間吸引聆聽者的注意力，進而引發追根究柢的「懸念」。

●用讚頌的話開始講話

人總是喜歡聽好話，因此，講話者在話題開始時，可以適度地讚頌對方，這樣一來，氣氛會很快地活躍起來。

●用涉及聽者利益的話開始講話

把自己的講話內容，與聽者的切身利益聯繫起來，營造出「生命共同體」、「休戚相關」的氣氛，必能引起聽者的關注和重視。

•從有共同語言的地方開始講話

尋找共同語言是拉近距離的好方法，可以涉及以往的相同經歷和遭遇，也可涉及雙方目前的密切合作，還可以展望友誼的發展前景等。

有經驗的說話者，都在長期的實踐中體會到一個事實：在最初十分鐘內，吸引聽眾是容易的，但是要保持這個狀況就困難了。因此，掌握好的開場技巧只是一項基礎，期望讓口才更上一層樓，還需繼續努力。

10

巧妙的問答
讓對方樂於接話

提問，正像打羽毛球的發球，
你以對方的特長發問，
就像特意發了個容易接的球，
對方當然樂於接球。

措詞反映了你的素質

可以用幽默有趣的話語來表現你的聰明、靈活、風趣，但不可與低級刻薄的言語混為一談。

想要把話說好，光知道如何運用聲音、語調、姿態是不夠的，現在，讓我們來研究如何用「字眼」。

說話時，字眼不需太多，簡潔、通俗即可。

有些人在敘述一件事情時，會拚命地說出許多，最終還是沒有把自己的意思表達出來，白費了很大的時間與精神，卻不能讓聽者抓到話中的焦點。

犯這種毛病的人，一定要盡力糾正過來。

改正的方法，就是在話還未說出之前，先在腦子裡考慮，打好一個自己所要表達的輪廓，再付諸言語。透過長時間的訓練，能使你在說話時很快地抓住中心，明白確切，讓聆聽者將內容聽清楚。

答應別人一件事，其實用上一個「好」字就夠了，偏偏有些人喜歡囉囉唆唆說上一大堆，不僅浪費時間，而且可笑。

除非是要特別引起別人注意，或特別要增強力量，否則平常對話時，最好少用疊字或疊句。

此外，如果你是個太講究客氣的人，最好還是改變一下自己的作風，因爲過猶不及都不是好事情，在這社會上，凡事都該懂得適可而止。客氣話說得太多，反而會讓聆聽者渾身不自在。

同樣的，名詞也不可用得太多，特別是艱澀的專有名詞。

試想，若有一個人在解釋物質不滅原理時，於短短幾分鐘內，將其中某個科學用語運用高達二、三十次之多，會收到好效果嗎？

答案自然是否定的，無論多麼新奇有趣的名詞，用太多都會引起厭煩，失去它本身的價值。

第一個用花來比喻女人的人是聰明的，第二個再用這個比喻的人便是庸才了。誰不愛新鮮？陳述一件事情時，把一個名詞在同一時間內重複使用，算不上高明。

再者，應避免用同一個名詞形容各種不同的事物。

有一位老師對學生說故事，說到公主，她說，公主是很美麗的，說到城堡，她也說，這城堡是很美麗的。緊接著，說到森林、小羊、野花、遠山等等，無不用美麗這二個字來形容。如果你身為學生，能夠隨這樣單調枯燥的言語遨遊於美好的情境中嗎？恐怕很難吧！

用不同的字句調劑自己的言語，更能增加聽者的興趣。

將這個概念引伸，一個擅於說話的人，應儘量避免「口頭禪」。

當一個語句成為口頭禪，你將會很容易為它所束縛，以致無論想說什麼，也不管是否適用，都禁不住脫口而出。

這毛病不僅容易招來他人的取笑，也無助於提高自己的說話能力，甚至還會讓表達力大打折扣，所以，凡是和自己所說的事情本身毫無相關的口頭禪，還是盡力避免爲妙。

字爲文章的衣冠，言語則爲個人學問品格的衣冠。有許多人相貌堂堂，可是一開口就滿口粗俗俚言，使人聽了大倒胃口，原有的敬慕之心消失無蹤。

這情形並不少見，可惜的是，當中某些人並非學問品格不好，不過一時大意，犯了這種錯誤，不曉得應力求改正。

俏皮而不高雅的粗言，人們初聽可能覺得新鮮有趣，偶爾學著說說，積久便成習慣，結果到最後無法控制，隨口而出，導致反感。

日常生活中，大家都習慣於不拘小節，但若在正式社交場合上，脫口說出不雅、不得體的話，問題可就大了。

身爲學生，尤其應當謹記，學校裡，常有特殊流行的語彙產生，或許在同學間可以肆無忌憚地說，大家還感到很有趣，但來到學校外，離開這個特殊環境，就以不說為佳，以免讓聽者感到難堪，更陷自己於尷尬境地。

可以用幽默有趣的話語來表現你的聰明、靈活、風趣，但不可與低級刻薄的言語混為一談，那只會更突顯你的鄙劣、輕佻和淺薄。

在一個陌生人面前，說錯任何一句話都可能把你的地位降低，讓人家瞧不起，不可不小心謹慎。

當然，也不可因為這樣就「矯枉過正」，滿口深奧的名詞，讓聽者如墜入五里霧中，根本不懂你在說什麼。

措辭的深淺，需視聆聽對象的需求與程度拿捏，適度即可。

措詞反映了一個人的素質和能力，是給人的第一印象，應當努力提升，才能在與人溝通、交往的過程順利。

示弱，助你避開可能的災禍

所謂示弱，説穿了，就是強者在感情上體貼暫時在某些方面處於劣勢弱者的一種有效手段。

在事業和競爭中，爲了取勝，當然不可以示弱，但在特定情況下公開承認自己的短處，有意暴露某些方面的弱點，是一種有益的處世之道。

示弱，可以減少乃至消除不滿或嫉妒。

事業上的成功者，生活中的幸運兒，被人嫉妒是免不了的，因此，在這種一時無法消除的社會心理之前，適當的示弱可以將威脅作用降到最低限度。

示弱能使處境不如自己的人保持心理平衡。

要使示弱產生積極作用，則必須善於選擇內容。

地位高的人在地位低的人面前，不妨表明自己學歷不高，經驗有限，知識能力有所不足，有過種種曲折難堪的經歷，實在是個平凡的人。

成功者應多在別人面前說過往失敗的紀錄，現實的煩惱，給人以「成功不易」、「成功者並非萬事大吉」的感覺。

對眼下經濟狀況不如己的人，可以適當訴訴自己的苦衷，諸如健康欠佳、子女學業不精以及工作中的諸多困難，讓對方感到「家家都有一本難念的經」。

某些專業上有一技之長的人，最好宣佈自己對其他領域一竅不通，坦露在日常生活中如何鬧過笑話、受過窘等。

至於完全因客觀條件或偶然機遇僥倖獲得名利者，更應直言承認自己是「瞎貓碰到死老鼠」。

示弱，可以是個別接觸時推心置腹的長談，幽默的自嘲，也可以是在大庭廣眾之下，有意以己之短，補人之長。

示弱，不僅表現在語言上，還要表現在行動上。

自己在事業上已處於有利地位，獲得了一定成功，在小的方面，即使完全有條件和別人競爭，也要儘量迴避退讓。也就是說，事業之外，平時對小名小利應淡薄疏遠些，因爲你的成功已經成爲某些人嫉妒的目標，不該再爲一點微利惹火燒身，應當分出一部分名利給弱勢者。

所謂示弱，說穿了，就是強者在感情上體貼暫時在某些方面處於劣勢弱者的一種有效手段。它能使你身邊的「弱者」有所慰藉，心理上得到平衡，減少或抵消前進路上可能產生的消極因素。

巧妙的問話讓對方樂於接話

提問，正像打羽毛球的發球，你以對方的特長發問，就像特意發了個容易接的球，對方當然樂於接球。

有一天，一位修士在做禮拜時，忽然熬不住煙癮，便詢問主教：「祈禱時可以抽煙嗎？」結果，遭到了主教的斥責。

不久後，又有一位修士也犯了煙癮，靈機一動，換了一個方式問道：「我可以在吸煙時祈禱嗎？」

主教一聽，不但沒有動怒，還讚許他的信仰虔誠，答應了這個請求。

由此可見，問話需要口才。問得越巧，越能居優勢。

在會議上，我們經常可以聽到主持者這樣發問：「各位對此有何高見？」從表面上看，這種問話很有禮貌，但效果不好。誰敢肯定自己的見解高人一著呢？就算是高見，又怎麼好意思先開口？

與其如此不妨換個較親切的問話方式：「各位有什麼想法呢？」

希望問話問得巧，首先要選擇恰當的提問形式。

恰當的提問形式，有以下多種：

● **限制型提問**

這是一種目的性很強的提問技巧，能幫助提問者獲得較為理想的回答，降低被拒絕的機率。

例如，某家早餐店在一開始時總會詢問客人：「要不要加個蛋？」

一段時間以後，侍者找出了更「技巧」的問法，不再問「要不要加蛋」，而改問：「您要加一個蛋，還是兩個蛋？」

這樣一來，縮小了顧客的選擇範圍，有助於提高消費額。

●選擇型提問

這一種提問方式，多用於較熟識的朋友之間，同時也表明了提問者並不在乎對方的抉擇為何。

例如，你的朋友來家裡作客，你留他吃飯，但不知他的口味，於是問道：「今天我們吃什麼？紅燒肉，還是咖哩？」

●婉轉型提問

婉轉提問的意圖，在避免因對方拒絕而出現尷尬局面。

例如，一位男孩對一名女孩很有興趣，但他並不知道女方是否同樣對他有意思，又不便開門見山地詢問，於是試探地開口：「我可以陪妳走走嗎？」如此，即便女方沒有意願，她的拒絕也不會使彼此難堪。

●協商型提問

想要別人按照你的意圖去做事，最好以商量的口吻提出。

如你身為經理，要秘書起草一份文件，將意圖講清之後，不妨問一問：「妳看這樣是否妥當？」

秘書感到受尊重，工作情緒便會大幅提高。

提問要講究方式，以提高水準，話題的選擇是一大關鍵。一位心理學家曾說：「要使對方感到開心，莫過於挑他最擅長的來說。」

比如，你知道對方的羽毛球打得很好，就可先問：「聽說您對打羽毛球相當拿手，是嗎？」

提問，正像打羽毛球的發球，你以對方的特長發問，就像特意發了個容易接的球，對方當然樂於接球。

當然，各種發問方式都有優點和侷限性。在對談過程中，應本著交際目的的需求出發，靈活且恰當地選擇最好的發問方式。

協助疏導感情，但不下價值判斷

你可以在非語言傳遞資訊中表明立場，但在語言傳遞過程中最好避免，這是一條重要界線。

在傾聽過程中，該如何開口插話，才能做到既不得罪任何人，又有助於達到最佳效果呢？

理所當然，根據不同對象，必須採取不同方法。

當對方與你談論某事，但因擔心你可能對此不感興趣，顯露出猶豫、爲難的神情時，你可以伺機說一兩句安慰的話。

「你能談談那件事嗎？我不太了解。」

「請繼續說，我對此十分有興趣。」

此時，你說出的話是爲了表明一個意圖：我很願意傾聽，不論你說得怎樣，說的是什麼。

如此將能有效消除對方的猶豫，堅定傾訴的信心。

當對方由於心煩、憤怒等原因，不能有效地控制自己的感情時，你也可以用一兩句話來疏導。

「你一定感到很氣憤。」

「你似乎有些心煩。」

「你心裡很難受嗎？」

說完這些話後，對方可能會發洩一番，或哭或罵都不足爲奇。因爲，你開口的目的，就在於把對方心中鬱結的異常情感「誘導」出來。而發洩一番後，對方將感到輕鬆、解脫，得以繼續地完成對問題的敘述。

值得注意的是，說這些話時，不要陷入盲目安慰裡。

不應對他人的話做出判斷、評價，說一些諸如「你是對的」、「你不應該這樣」的話，因爲你的責任只在順應情緒，爲他架設一條「輸導管」，而不應該「火上澆油」，強化這股抑鬱或憤怒。

當對方在描述過程中，急切地想讓你理解他的談話內容時，你可以用一兩句話來「綜述」話中的涵義。

「你是說……」

「你的意見是……」

「你想說的，是這個意思吧？」

這樣的綜述，既能及時驗證你對談話內容的理解程度，加深印象，又能讓對方感到誠意，並能幫助你隨時糾正理解的偏差。

以上三種傾聽中的談話方法，都有一個共同的特點，即不對談話內容本身發表判斷、評論，更不對對方的情感做出贊同或否定的表示，處於一種中性、持平的安全態度上。

有時，你可以在非語言傳遞資訊中表明立場，但在語言傳遞過程中最好避免，這是一條重要界線。你若試圖超越這個界限，就有陷入誤解、爭執的危險，從而使一場談話失去方向和意義。

抓不準時機，注定白費力氣

心情好時，「無所不樂」；心情不好時，「無所不愁」。與人說話時，必須把這作為一個重大前提加以考慮。

無論一個人說話的內容如何精采，只要時機掌握得不好，就無法達到理想的目的。因爲聽者的內心感受或衡量標準，往往隨著時間變化而變化，要對方願意聽你的話，或者接受你的觀點，必須選擇最適當的開口時機。

這有如一名參賽的棒球選手，雖有良好的技術、強健的體魄，但若沒能把握住擊球的「決定性瞬間」，無論是早是遲，揮棒都注定落空。

所以，時機非常寶貴。

何時才是「決定性的瞬間」呢？如何判明並抓準，並沒有一定的規則可循，主要還是取決於談話當時的具體情況，憑藉自身的經驗和感覺下決定。

例如，在討論會上，要是先發言，雖可於聽衆心中造成先入爲主的印象，但因時間點過早，人們尙未適應而不願意隨之開口，氣氛往往較沉悶。

相對的，若是後講，雖可進行歸納整理，或針對別人的漏洞，發表更爲完善的意見，但因時間點太晚，聽衆都已經感到疲倦，期望儘快結束休息，未必願意再談下去。

據此，專家在研究後指出，當要於研討會之類的場合發言，最好是在兩三個人談完之後及時切入話題，效果最佳。此時，氣氛已經活躍起來，不失時機地提出你的想法，最容易引起關注。

此外，爲表尊重，考慮對方何時有較大興趣，這是必須的。

人們白天忙了一整天，下班後，難免帶著一天的勞累回到家中。如果這時家人不體貼，一開口又是訴苦、又是告狀，再有耐性的人也難免感到厭煩。

因此，爲人妻子兒女，若是有話要對丈夫、父親說，不妨先把「苦」擱在一邊，等對方放鬆下來後，再慢慢把感到困擾不滿的事情說出來，以求得到對方的理解和支援。

許多爲人妻、爲人母者，都會對孩子說一句話：「有什麼事，等你父親吃過飯以後再說。」不得不承認，這眞是一句金玉良言，因爲多數情況下，人在飯後的心情最穩定。

儘管場合、時機都與人的心境變化有關，難以一概而論，但是，把心境單獨提出來，作爲一個獨立因素探討，仍是必要的。

俗話說：「出門看天色，進門看臉色。」看了臉色，才決定說什麼話。這裡所謂「臉色」，是心境顯現於臉部的表情。

心情好時，「無所不樂」；心情不好時，「無所不愁」。與人說話時，必須把這作爲一個重大前提加以考慮。

選擇適當的時機，說出的話才能收到最大效益。

好的結束，提高自己的印象分數

如果說好的開始是成功的一半，那要滿足另一半，絕對少不了好的收場，因此，別輕忽了「收尾」的工夫。

談話的過程中，一旦達到了溝通交流的最主要目的，那麼，就該設法及時結束談話。

當然，對談的目標本身，直接影響我們與對方講話的時間或方式。

如果你只想陳述某一件事，且不需要對方做出任何反應或採取行動，你講清了事情的原委後，就可以結束談話了。

如果你期望說服對方改變某種看法或是行爲，期望對方承認你的勸說「明智」，談話就會進行得長一些，直到對方承認問題爲止。

有時，對方需要時間來思考，無法馬上給出結論，你在結束談話前，就有需要根據情況做出合宜的結語。

結束講話時，總結一下對方和你本人的看法，強調一下彼此共同的觀點和看法，是很有必要的。但在這麼做時，一定要注意保持自身論述的客觀，不帶偏見，以雙方都能接受的方式進行總結。

換言之，最好以盡可能有利的方式描述對方的看法。

「感謝你和我討論這個問題。」

「花費了你不少時間，眞是不好意思。」

「總的來說，你的那個想法有許多合理之處，很不錯。」

「你的話對我有不少啓發，感謝你。」

最後，結束談話時，你還可以向對方提出一些積極的希望。

某些情況下，對方需要一點時間思考你的話，需要過一段時間再與你繼續談論這件事，此時，你則需要講一些「活話」，使有關這個問題的談話能夠在日後再次展開，持續進行。

「如果你願意，我們可以再約個時間，進一步討論這個問題。」

「無論如何，有任何想法，請務必告訴我。」

談話的結束，不是只道一聲「再見」就解決，臨別前，要給人留下良好的印象，要得體而不失禮，有時更得爲下一次交談留下伏筆。

如果遇到爭論不休、意見無法一致的棘手情況，我們可以轉移話題，把有分歧的題目暫放一放，談點別的，等氣氛緩和了，再把談話告一段落。或是稍微折衷，設法求同存異。

「雖然我不同意你的意見，但你的考慮和出發點也有一定的道理，我想我們還是可以對此繼續討論。」

「對，我們都需要再琢磨一下。」

「咱們找機會再談吧！」

用友好的笑聲、笑容作輔助結束談話，加上意味深長的道別語，能夠讓好印象長時間留在別人的記憶裡。

面對情況各異的談話，不動一番腦筋，不用一著妙招，必定不利於人際交往的完善和健全發展。

如果說好的開始是成功的一半，那要滿足另一半，絕對少不了好的收場，因此，別輕忽了「收尾」的工夫。

爭取交往優勢，從傾聽開始

不去傾聽自己如何講話，也就不會知道別人應如何對你講話，當然無從謀求聆聽能力的進一步提高。

無論你與人交往的目的是什麼，都要在學會「說」的同時也學會「傾聽」，讓這兩種優勢相輔相成。

掌握應該注意的事項，理解「聽的規則」，將能有效提高交往的效率。聽的十項規則，現列舉如下：

- **弄清楚自己聽的習慣**

首先要了解，你在聽人講話時，有哪些好的習慣，又有哪些壞的習慣。

你是否習慣對別人的話匆忙做出判斷？是否常常打斷別人的話？是否經常製造交往障礙？

了解自己的習慣，是正確運用聆聽技巧的前提。

●不要逃避交往的責任

既然稱為交往，自然代表有兩名以上參與者，既有說話者，也有聽話者，缺一不可，且每個人都應輪流扮演聽話者的角色。

作為一個聽話者，不管在什麼情況下，當不明白對方說出的話究竟代表著什麼，便應該藉各種方法使他知道這一點。

你可以向他提出問題，或者積極地表達出你所接收到的意思，以便讓對方糾正聽錯之處。

這種時候，最忌諱的就是一言不發，一點表示也沒有。

●全身都要注意

要面向說話者，與他保持目光接觸，以自身的姿勢和手勢證明正在傾聽。無論自己是站著還是坐著，都要與對方保持適當距離。

畢竟，人人都希望與能認眞傾聽、舉止活潑的人交往，而不願意白費心力與「木頭人」對談。

●把注意力集中在對方說的話上

既然每個人集中注意力的時間不長，你在聽話時，就要有意識地把注意力集中起來，努力把環境干擾壓縮到最小限度，避免走神分心。

積極的姿勢，有助於注意力的集中。

●努力理解對方的言語和情感

不僅要聽見對方傳達的資訊，更要聽出對方表達的情感。

假設有兩名郵差，其中一名這樣說：「我已經把這些信件處理完了。」

另一名則說：「謝天謝地！我終於把這些該死的信件處理完了！」

儘管兩人所出發的資訊內容相同，但後者與前者顯然存在著明顯區別——他還表達了強烈情感。

不僅傾聽講話的內容，更理解說話者的情感，如此細心的聆聽者，必定能準確地理解說者的想法與情緒，取得交往的最高效率。

●觀察講話者的非語言信號

既然人際交往經常透過非語言方式進行，我們不僅要聽對方的語言，更要注意對方的非語言表達方式。

這就要求你留意觀察說話者的面部表情、如何與你保持目光接觸、說話的語氣及音調和語速等，同時，還要注意對方站著或坐著時與你保持的距離，從中發掘出言外之意。

●對講話者保持稱讚態度

對講話者保持稱讚態度，能塑造良好的交往氣氛。

講話者越感受到你的稱讚，就越能準確表達自己的思想。相反，如果你對講話者表現出消極態度，就會引起他的防禦反應，產生不信任感和警戒。

●應努力表達出理解

與人交談時，要努力弄明白對方的感覺如何，他到底想說什麼。全神貫注地聆聽，不僅表明你理解他的情感，且有助於準確地理解資訊。

●要傾聽自己講的話

傾聽自己講的話，對於培養傾聽他人講話的能力是很重要的。傾聽自己講的話，可以讓你了解自己，事實上，一個不了解自己的人，很難真正地了解別人。

傾聽自己對別人講了些什麼，同時也是了解、改變和改善聆聽的習慣與態度的一種手段。不去傾聽自己如何對別人講話，也就不會知道別人應如何對你講話，當然無從謀求口才與聆聽能力的更進一步提高。

溝通智典

28

活用說話藝術，改變對方的態度

作　　者　易千秋
社　　長　陳維都
藝術總監　黃聖文
編輯總監　王　凌
出 版 者　普天出版家族有限公司
新北市汐止區忠二街 6 巷 15 號
TEL / (02) 26435033 (代表號)
FAX / (02) 26486465
E-mail：asia.books@msa.hinet.net
http://www.popu.com.tw/
郵政劃撥 19091443 陳維都帳戶
總 經 銷　旭昇圖書有限公司
新北市中和區中山路二段 352 號 2F
TEL / (02) 22451480 (代表號)
FAX / (02) 22451479
E-mail：s1686688@ms31.hinet.net
法律顧問　西華律師事務所・黃憲男律師
電腦排版　巨新電腦排版有限公司
印製裝訂　久裕印刷事業有限公司
出 版 日　2021 (民 110) 年 9 月第 1 版
ISBN◉978-986-389-789-7　　條碼 9789863897897

國家圖書館出版品預行編目資料

活用説話藝術，改變對方的態度／

易千秋著.—第 1 版.—：新北市,普天出版

民 110.9 面；公分. -（溝通智典；28）

ISBN◉978-986-389-789-7（平裝）